KB057772

이탈리아

ITALY

세계 문화 여행

이탈리아

ITALY

배리 토말린 지음 | **임소연** 옮김

세계의 **풍습과 문화**가
궁금한 이들을 위한
필수 안내서

시그마북스
Sigma Books

세계 문화 여행 _ 이탈리아

발행일 2023년 9월 15일 개정판 1쇄 발행
지은이 배리 토말린
옮긴이 임소연
발행인 강학경
발행처 시그마북스
마케팅 정제용
에디터 최연정, 최윤정, 양수진
디자인 강경희, 김문배

등록번호 제10-965호
주소 서울특별시 영등포구 양평로 22길 21 선유도코오롱디지털타워 A402호
전자우편 sigmabooks@spress.co.kr
홈페이지 http://www.sigmabooks.co.kr
전화 (02) 2062-5288~9
팩시밀리 (02) 323-4197
ISBN 979-11-6862-158-9 (04900)
       978-89-8445-911-3 (세트)

CULTURE SMART! ITALY

Shutterstock (https://www.shutterstock.com/): page 66 by MNStudio.
Canva Photos: pages 14 by ronnybas; 32-33 by bluejayphoto; 71 by photocath; 114 by Massimo Merlini; 250 by Minerva Studio.
Pixabay Photos: pages 16 by HarryJBurgess; 26 by SungRae_Kim; 28 by postcardtrip.
Unsplash Photos: 74 by Mariya Georgieva; 117 by Belinda Fewings; 122 by Veronki Thetis Chelioti; 130 by Tommi Selander; 137 by Kristijan Arsov @aarsoph; 144 by Paolo Bendandi @paolobendandi; 154 by Filippo Andolfatto; 170 by Massimo Virgilio; 172 by Alessandro De Bellis; 173 by Marco Savastano; 210 by Ricardo Gomez Angel; 253 by Christie Kim.
Images on these pages reproduced under Creative Commons Attribution-Share Alike 4.0 International license: 37 © José Luiz Bernades Ribeiro; 73 © Roberta Ferrari; 96 © Effems; 100 © Asia; 141(top) © Monica Girelli; 140(bottom) © Pmk58; 151 © Raimond Spekking
CC BY-SA 4.0 (via Wikimedia Commons): 158 © Sinikka Halme; 161 Chris Light; 182 © Altoviti; 184 © Johann Jaritz; 191 © Pivari.com; 192 © Hide1228; 199 © Tifoitalia; 207 © Ein Dahmer.
Reproduced under Creative Commons Attribution-Share Alike 3.0 Unported license: 5 © TUBS; 63(top left) © Austin Calhoon; 63(bottom) © Pava; 81 © Effems; 90 © Вяласенко; 102 © fotogoocom; 104 © Roberto icario; 139 © Daniel Case; 158(bottom left) Irureta; 218 © RitaRoma; 232 © Sannita; 244 © Alvaro A Novo.
Under Creative Commons Attribution-Share Alike 2.5 Generic license: 177 © Marie-Lan Nguyen (2011).
Creative Commons Attribution-Share Alike 2.0 Generic license: 106 © gnuckx; 157 © Shoichi Iwassita; 115(top left) © https://www.flickr.com/people/globetrotter1937/ (Retouched by AM); 115(top right) © jules; 162 © Michael Coghlan from Adelaide, Australia; 166 © cyclonebill; 175 © Jon Mountjoy; 181 © o2ma, derivative work: yayoirc; 241 © City Foodsters.
Creative Commons CC0 1.0 Universal Public Domain Dedication: 23 © Jebulon; 63(top right) © TaniAviles; 135 © Daderot.

이탈리아 전도

스위스

오스트리아

헝가리

발레다오스타

트렌티노알토
아디제
트렌토

프리울리
베네치아, 줄리아

슬로베니아

크로아티아

아오스타

롬바르디아
밀라노

베네토

트리에스테

토리노
피에몬테

베네치아

제노바
리쿠리아

에밀리아 로마냐
볼로냐

보스니아-
헤르체고비나

프랑스

피렌체
토스카나

안코나
마르케
페루자
움브리아

아드리아해

코르시카

라치오
로마

아브루치
몰리세 캄포바소

라퀼라

캄파니아
나폴리

포텐차
바실리카타

바리
풀리아

브린디시

사르데냐

칼리아리

티레니아해

칼라브리아
카탄차로

이오니아해

팔레르모
시칠리아

메시나 해협

지중해

몰타

차 례

06 여가생활

07 여행 이모저모

08 비즈니스 현황

09 의사소통

이탈리아는 지루할 새가 없는 나라다. 아름다운 풍경과 우아하고도 매력 넘치는 사람들, 지역별로 다양한 문화, 맛있고 풍부한 음식과 와인, 높은 수준의 디자인과 엔지니어링, 그 이름도 유명한 화가와 조각가, 작가, 음악가, 영화감독, 그리고 무엇보다도 기념비적인 건축물과 다양한 유물이 당신의 가슴을 뛰게 할 것이다. 오페라처럼 들리는 감각적인 이탈리아어도 재미있다. 이탈리아 사람들이 이름 뒤에 지소사를 붙이거나 별명을 지어 주변 사람들을 친숙하고 정답게 부르는 것도 재미나다. 고대 로마로부터 르네상스 시대를 거쳐 오늘에 이르기까지 음모와 추문, 비극이 끊이지 않는 이탈리아의 역사와 정치도 재미있다.

〈세계 문화 여행〉 시리즈의 다른 책과 마찬가지로 이번 이탈리아 편도 이탈리아의 사람들에 초점을 두고 있다. 이탈리아 사람들은 어떻게 행동하고 무엇에 반응할까? 그들과 좋은 관계를 맺으려면 어떻게 해야 할까? 이 질문에 답할 수 있어야 진정으로 이탈리아를 즐길 수 있기 때문이다.

다른 유럽인들보다 이탈리아인은 '스타일'이 무엇인지를 몸소 보여준다. '좋은 인상을 주다' 또는 '멋져 보인다'라는 뜻의 이탈리아어 '파레 벨라 피구라fare bella figura'는 유행에 따라 달라지는 선택의 요소가 아니라 사회적 필수 조건이다. 혹자는 이탈리아를 두고 '스타일이 본질에 앞서는 나라'라고 말하기도 한다. 하지만 이탈리아에서는 스타일도 본질의 일부다. 이탈리아 디자인과 패션이 전 세계적으로 성공을 거둘 수 있었던 것도 바로 그런 이유다. 이 이야기는 앞으로 자세히 살펴볼 것이다.

이 시리즈의 다른 책과 마찬가지로 『세계 문화 여행_이탈리아』는 외국인으로서 어떻게 하면 이탈리아를 가장 잘 즐길 수 있는지, 그리고 어떻게 해야 이탈리아인과 일하면서 최선의 결과를 이끌어낼 수 있는지 그 방법을 가르쳐줄 것이다. 또한 이탈리아 역사와 문화에 대한 기초 정보를 제공해 그것을 토대로 이 아름답고 매혹적인 나라에 대해 더 많은 것을 배울 수 있게 도와줄 것이다. 이탈리아 사람들은 어떻게 하루하루를 살아가는지, 그들이 무엇에 몰두하고 무엇에 열정을 쏟는지, 이탈리아의 주요 축제와 전통에는 무엇이 있는지도 소개할 예정이다. 이탈리아 방식으로 이탈리아를 즐기는 방법을 제안하고, 이탈리아를 어떻게 여행하면 좋을지 팁도 제공해줄 것이다. 마지막으로 이탈리아 사람들과의 소통법, 그중에서도 비즈니스에 있어 그들과 어떻게 소통하는 게 좋을지 알려줄 것이다.

지난날 이탈리아 문화는 전 세계로 퍼져나갔고, 오늘날에는 지구 반대편에서도 이탈리아 음식과 문화를 즐기게 되었다. 그렇다면 과연 이탈리아 현지에서 즐기는 이탈리아는 어떨까? 전 세계에서도 가장 유럽다운 마인드를 가지고 있는 이탈리아 사람들은 오랜 기간 국토 분열의 역사(지금도 축구 시즌이면 매주 유서 깊은 지역별 전쟁이 벌어진다)를 극복하고 단일국가로 부상했다. 이제 이탈리아와 그 사람들을 더 자세히 파헤쳐보자.

공식 명칭	이탈리아 공화국	
인구	6,030만 명(2020년 기준)	
수도	로마(인구 420만 명)	
주요 도시	밀라노(인구 310만 명), 나폴리(인구 220만 명), 토리노(인구 180만 명), 팔레르모(인구 85만 2천 명), 볼로냐(인구 80만 5천 명), 피렌체(인구 70만 8,500명), 제노바(인구 68만 2천 명), 베네치아(인구 28만 1천 명)	
면적	30만 1,340km²(대한민국의 약 3배)	
기후	지중해성 기후	
통화	유로(과거에는 리라 사용)	
민족 구성	이탈리아 민족 85%	
언어	이탈리아어, 다수의 지역 방언	트렌토와 알토 아디제에서는 독일어를, 발레다오스타에서는 프랑스어를, 트리에스테와 고리치아에서는 슬로베니아어를 사용한다.
종교	공식 국교 없음	국민 다수가 신봉하는 종교는 가톨릭이다.
정부	이탈리아는 나라의 지도자는 대통령으로, 정부의 수장은 총리로 하는 다당제를 펼치고 있다.	5년마다 선거를 실시한다.
영문매체	<인터내셔널 뉴욕 타임스>는 이탈리아 데일리 섹션을 통해 매일 이탈리아 소식을 전한다. <원티드 인 로마>는 뉴스와 정보를 전하는 영자지로 격주 발간 중이며, <로세르바토레 로마노>는 매주 영어판을 발간하고 있다.	

매체	지역별로 신문이 발행되며, 개중에는 전국적으로 배포되는 것도 있다. 주요 신문으로는 <코리에레 델라 세라>(밀라노), <일 메사게로>(로마), <레푸블리카>(로마), <로세르바토레 로마노>(바티칸), <우니타>(로마, 과거에는 좌익성향이 짙었으나 요즘은 중도에 가까움), <라 스탐파>(토리노)	국영방송국 Rai는 Rai 1, 2, 3의 세 개 채널과 라디오 1, 2, 3의 라디오 채널 세 개를 전국에 방송한다. 이밖에도 여러 민영 방송국이 있다.
전압	220V, 50Hz AC, 오래된 호텔에서는 125V를 사용하는 경우도 있으니 출발 전 확인해야 한다.	대륙형 표준 플러그
비디오/TV	PAL 625 라인	
인터넷 도메인	.it	
전화	국가번호 39	전화를 걸 때는 항상 지역번호 앞에 0을 붙여야 한다(발신자와 수신자가 이탈리아의 같은 지역에 거주할 때도 마찬가지). 해외전화는 00+국가번호를 누르면 된다.
시간대	우리나라보다 8시간 늦음	

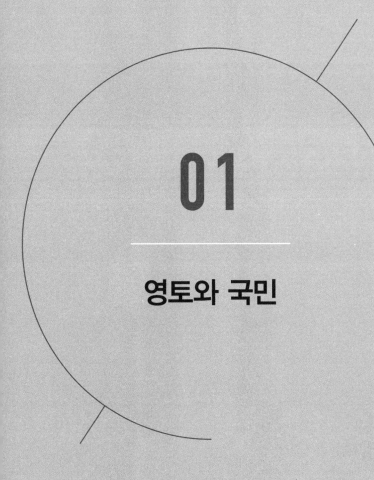

01

영토와 국민

이탈리아는 북부는 스위스와, 서부는 프랑스와, 북동부는 오스트리아, 슬로베니아와 국경을 접하고 있다. 남부의 지중해까지 뻗어나가는 이탈리아의 광대한 토지는 리구리아해와 티레니아해를 서쪽에 두고, 아드리아해와 이오니아해를 동쪽에 두고 있다. 이탈리아는 지중해 안에서 가장 중요한 국가다.

지형

이탈리아는 북부는 스위스와, 서부는 프랑스와, 북동부는 오스트리아, 슬로베니아와 국경을 접하고 있다. 남부의 지중해까지 뻗어나가는 이탈리아의 광대한 토지는 리구리아해와 티레니아해를 서쪽에 두고, 아드리아해와 이오니아해를 동쪽에 두고 있다. 이탈리아는 지중해에서 가장 중요한 국가다. 이탈리아 사람들은 다른 라틴국가의 국민처럼 즉흥적이고 사람과의 관계를 중시하며, 시간관념이 철저하지 않은 공통점을 보인다. 이탈리아 본토와 떨어져 있는 3개의 섬 시칠리아, 사르데냐, 코르시카 중 시칠리아와 사르데냐는 이탈리아 영토지만, 나폴레옹의 고향인 코르시카는 프랑스령이다. 수도 로마는 국토의 중간쯤에 위치한다.

　이탈리아의 영토는 장화 모양을 하고 있는데 장화의 발끝에 해당하는 시칠리아는 지중해에 속하고, 그 굽에 해당하는 도시 브린디시는 이오니아해에 속한다. 장화의 북쪽 끝에서부터 남쪽 끝까지 고속도로로 거리를 측정하면 약 1,600km 정도 된다. 북부의 브렌네르 고개는 스위스 베른과 같은 위도에 있고, 최남단의 시칠리아는 리비아의 트리폴리와 같은 위도에

이탈리아 북동부 돌로미테의 장엄한 석회석 봉우리

있다. 농작이 가능한 지역은 포강, 아디제강, 아르노강, 테베레강 등에서 물이 유입되는 저지대인데, 이 땅은 국토의 약 1/4에 불과하다. 북부 지역 전체는 높은 산봉우리가 즐비한 돌로미티 등 알프스에 둘러싸여 있고, 제노바 만에서 메시나 해협에 걸쳐서는 이탈리아 반도의 등뼈를 이루는 아펜니노 산맥이 북서에서 남동 방향으로 뻗어 있는데, 만년설이 덮인 산봉우리를 초여름까지 볼 수 있다.

기후 및 날씨

지중해성 기후를 보이는 이탈리아지만 북부 끝에서 남부 끝까지는 위도 차이가 10도 넘게 나기 때문에 북부 이탈리아의 평균 기온은 남부보다 평균 4℃ 정도 낮다. 포강 지류의 거대한 북부 평야에 위치한 밀라노의 시민은 겨울이면 덴마크 코펜하겐(1월, 5℃)만큼이나 차가운 추위를 견뎌야 하고, 여름이면 이탈리아 남부의 나폴리만큼이나 뜨거운 더위를 감내해야 한다. 나폴리에는 상쾌한 바닷바람이라도 있는 것을 생각하면 매우 열악한 조건이다. 알프스 기슭에 위치한 토리노는 겨울에 더 춥지만(1월, 4℃) 여름은 덜 더운 편이다(7월, 24℃)

해안지방은 여름이면 덥고 건조하지만, 엄청난 위력의 폭풍우라도 불어오면 급작스러운 홍수에 피해를 입기도 한다. 피렌체나 로마 같은 내륙지대 도시는 연초에는 쾌적한 기후를 보이지만(4월, 20℃) 7~8월에는 무덥고(31℃) 습기가 높아 불쾌지수가 높아진다.

이탈리아를 방문하기에는 봄과 초여름, 가을이 가장 좋다. 명심할 것은 부활절 연휴면 주요 이탈리아 도심은 관광객들로 발 디딜 틈 없이 북적북적할 것이고, 4~5월에는 현장학습을 나온 이탈리아의 초·중·고등학생들 무리에 휩싸일 수 있다는 것이다. 9월과 10월 초가 되면 호텔과 항공편 가격이 상대적으로 낮아져 비용 면에서 합리적인 선택이 될 수 있다. 특히 가을의 포도 수확철에는 날씨까지 쾌청해 특별히 아름다운 이탈리아를 경험할 수 있다. 올리브 수확철인 10월과 11월은 연중 가장 비가 많이 내리는 시기다. 겨울도 강수량이 꽤 많은 편이니, 방수 기능을 갖춘 외투와 편안한 장화를 준비하면 좋다. 겨울철에 이탈리아를 찾는다면 오페라와 겨울 스포츠를 즐길 수 있고, 관광 성수기에는 늘 인산인해를 이루는 밀라노와 로마, 베네치아에서 그나마 한적하게 쇼핑을 즐길 수 있다. 그러다 2월이 되면 남부의 아몬드 나무가 분홍꽃을 피우기 시작한다.

인구

이탈리아의 인구는 약 6천만 명이지만, 유럽에서 출산율이 가장 낮고 신생아 수와 사망자 수 간 차이가 가장 크다. 인구 고령화가 진행 중으로, 중위 연령이 45세이다. 2017년 이탈리아 통계청^{ISTAT}에서 추정에 따르면 향후 50년간 출산율은 700만 명이 감소할 것으로 보인다.

낮은 출생률, 이민인구와 노인인구 증가라는 3가지 요인이 이탈리아의 인구 구성에 변화를 가져오고 있다. 현재 이탈리아는 유럽에서 독일에 이어 두 번째로 노령화가 심각한 국가이다. 이민인구도 급증했는데, 통계에 따르면 약 490만 명의 외국인이 이탈리아 시민권을 취득했다.

이런 인구 변화를 주도하는 요인으로 점점 더 많은 여성이 자신만의 커리어를 추구하면서 핵가족이 늘고 있다는 것을 들 수 있다. 여전히 기술직이나 전문직에서 여성이 차지하는 비율은 상대적으로 낮은 편이지만 말이다. 이탈리아의 전체 여성 인구 중 88%는 자녀를 한 명만 낳았고, 그중 50% 이상은 더 이상 아이를 낳지 않겠다고 결심했다고 한다. 또한 흥미로운 것은 지난 50년간 이탈리아 여성들의 평균 기대수명이 82세로, 과거의 2배에 가깝게 늘어났다는 것이다.

UN의 추정에 따르면 현재 이탈리아의 노동력을 유지하기 위해서는 연간 30만 명의 이민자가 유입되어야 한다. 실제로 지난날 이탈리아에는 북아프리카와 극동지역 출신의 이민자들이 꾸준히 들어왔고, 현재는 중앙 및 남동부 유럽에서 많은 이민자들이 유입되고 있다. 이탈리아는 이민 제한을 여러 차례 시도했지만, 한편으로는 이런 외국인 노동자들을 '필요악'으로 여기는 분위기다. 지난 수십 년 동안 이탈리아는 미국과 라틴아메리카, 호주와 함께 이민의 나라였다. 이탈리아 도시에 이민자들이 활보하는 풍경은 이탈리아의 유구한 역사 가운데 상대적으로 낯선 광경으로, 많은 이탈리아인이 이를 받아들이기 위해 애쓰고 있다.

최근 이탈리아 정치에서 이목을 끄는 이슈는 바로 아프리카와 중동에서 오는 난민 문제이다.

인신매매를 당해 낡은 어선을 타고 지중해를 건너다, 바다 한가운데서 표류한 난민들의 비극적인 이야기는 2014~2015년에 빈번하게 신문 지면을 차지했다. 이들 중 많은 이들이 이탈리아의 해안경비대에 구출되기를 바라는 한 줄기 희망을 가지고 바다 한가운데서 이탈리아 해변까지 헤엄쳤고, 그 바람대로 구출되었다. 하지만 부적절하게 EU 지중해 함대의 도움을 받았던 구출작전은 문제가 되었다.

급기야 이탈리아 해군은 더 이상 난민구조 작전을 필요한 수준으로 지원할 수 없다고 선언했고, 2014년 말이 되자 EU 지지자들도 난민구조 지원금 삭감을 선언했다.

그럼에도 이탈리아 해군은 자선단체 선박의 지원을 받아 이주민(특히 리비아 출신 이주민)을 구조하며 "마레 시쿠로^{mare} sicuro"(안전한 바다)를 지켜왔다. 그러나 그렇게 구조하더라도 이탈리아의 항구는 포화 상태가 되어 더 이상 난민을 수용할 수 없을 정도가 되고 있다.

주 및 주도

이탈리아에는 이탈리아 영토 내에 있지만 독립 주권을 가지고 있는 작은 나라 산마리노공화국과 바티칸 시국이 있다. 4세기에 건국되었고 면적이 $61km^2$에 불과한 산마리노는 세계에서 가장 오래된 공화국이며 동시에 세계에서 두 번째로 작은 공화국이다. 세계에서 제일 작은 나라 바티칸 시국은 로마의 도심에 위치한 교황의 본거지로, 전 세계 가톨릭 신자의 본령이다.

【 바티칸 시국 】
전체 국토 면적이 약 $0.4km^2$로 모나코 국토의 1/3도 되지 않는 아주 작은 나라 바티칸은 테베레강 서쪽에 위치한 주권국

주	주도
발레다오스타	아오스타
피에몬테	토리노
롬바르디아	밀라노
트렌티노 알토 아디제	트렌토
베네토	베네치아
프리울리 베네치아 줄리아	트리에스테
리구리아	제노바
에밀리아 로마냐	볼로냐
토스카나	피렌체
움브리아	페루자
마르케	안코나
라치오	로마
아브루치	라퀼라
몰리세	캄포바소
캄파니아	나폴리
풀리아	바리
바실리카타	포텐차
칼라브리아	카탄차로
시칠리아	팔레르모
사르데냐	칼리아리

가다. 현재의 바티칸은 교황 인노첸시오 2세(1198~1216)가 신성 로마제국의 황제 자리를 둘러싸고 대립했던 후보들을 속이는 과정에서 획득한 영토의 일부다. 1860년대 피에몬테의 개입으로 그 영향력이 현재의 바티칸에 국한되기 전, 교황령은 서쪽으로는 티레니아해, 동쪽으로는 아드리아해까지 이르렀고, 300만의 인구를 보유하고 있었다. 오늘날 바티칸 시국은 인구가 1,000명밖에 되지 않는 세계에서 가장 작은 국가로, 스위스 근위대(사실 용병 대부분은 임시 파견된 이탈리아 용병임)가 지키고

로마 성 베드로 대성당

있다. 바티칸에서 일하는 대부분 사람들은 바티칸 시국 밖에 살며 매일 국경을 넘어 통근한다. 바티칸은 우체국, 기차역, 헬리콥터 이착륙지, 45개국 언어로 방송되는 TV 및 라디오 방송국, 은행, 병원, 식당, 약국, 주유소 등 국가라면 갖춰야 할 모든 것을 갖추고 있다.

바티칸의 권위는 가톨릭교회가 교황청의 대주교를 공식적으로 인정한 서기 380년 시작되었고, 그 결과 바티칸이 위치한 로마는 전 세계 12억 가톨릭 신도들에게 '영원의 도시'가 되었다. 하지만 아이러니하게도 1985년 체결된 정교협정, 콘코르다트 concordat 로 이탈리아의 국교는 더 이상 가톨릭이 아니다.

바티칸 시국의 하이라이트는 시스티나 성당과 셀 수 없이 많은 예술작품을 소장하고 있는 바티칸 박물관과 성 베드로 대성당에 있다. 최대 6만 명의 인원을 수용할 수 있는 성 베드로 대성당은 길이 186m, 너비 140m, 높이 120m에 이르는 거대한 위용을 자랑한다. 1506년에 건립을 시작해 1615년에 완공된 이 성당의 멋진 돔과 그리스식 십자가 설계는 미켈란젤로의 작품으로, 그는 "신의 사랑에 보답하고 모범된 신앙을 보이기 위해" 작업에 참여했다고 한다. 다시 말해 보수라고는 한 푼도 받지 않았다는 말이다! 성 베드로 대성당에 가면 성모

마리아가 앉은 채로 죽은 예수의 몸을 안고 있는 미켈란젤로의 유명한 조각상 〈피에타〉를 볼 수 있다. 또한 성 베드로의 묘 위에 마련된 높은 주제단을 덮고 있는 베르니니의 '발다키노(청동 천개)'도 볼 수 있다.

바티칸은 교황이 교황청 국무원의 보조를 받아 다스리고 있으며, 추기경이 이끄는 10개의 부서가 사무적인 문제를 처리한다. 이 중에서 과거에는 종교재판소였고 지금은 '신앙교리성'이 가장 중요한 부서이다. 전 세계 가톨릭 주교들은 누구나 5년에 한 번씩 로마를 방문해 교황을 알현하고 참배해야 한다.

바티칸은 쿠리아Curia 또는 추기경단이라 불리는 관료조직이 이끌고 있다. 쿠리아는 총 226명의 추기경으로 이루어져 있는데, 그중 124명이 교황 선출권을 갖는다. 교황이 사망하면 교황 선출권을 가진 이들은 새로운 교황이 선출될 때까지 시스티나 성당 안에 갇힌 채 '콘클라베(교황을 선출하는 추기경단 회의)'를 연다. 새로운 교황이 선출되지 않은 날에는 투표용지를 불에 태워 시스티나 성당 굴뚝에 검은 연기를 피우고, 새로운 교황이 선출된 날에는 화학품을 첨가해 투표용지를 불에 태워 하얀 연기를 피운다. 새로 선출된 교황은 교황 제의를 입고 광장에 나타나 대중에게 모습을 처음 드러내고, 그다음 날 성 베드로 대성당에서 대관식을 갖는다.

【 로마 】

로마는 이탈리아의 수도이자 정부 소재지이며, 약 350만 명의
인구가 거주 중이다. 지리적으로는 이탈리아 영토의 중간쯤 위
치하지만, 전체적으로 또 그 스타일로 보았을 때는 '남부' 도시
라고 여겨진다.

로마 포럼 동쪽에 있는 거대한 원형 극장인 콜로세움

【밀라노】

롬바르디아주의 북쪽에 위치한 밀라노는 290만 명의 인구가 살고 있는 이탈리아의 주요 도시로, 이탈리아의 '뉴욕'으로 불린다. 밀라노 시민들은 로마가 아닌 밀라노가 이탈리아의 진짜 수도라고 생각한다. 밀라노는 이탈리아 산업의 중심이며, 이탈리아 축구를 이끌고 있는 명문 클럽 AC밀란과 인터밀란의 홈이다. 또한 이탈리아의 증권거래소도 위치하고 있다.

【나폴리】

남부의 '수도' 나폴리는 이탈리아에서 가장 분주한 항구도시로 200만 명의 인구가 거주 중이다. 79년 베수비오 화산 폭발로 매몰된 유적지 폼페이와 헤르쿨라네움 및 카프리섬과 이스키아섬을 여행하려면 나폴리에서 출발해야 한다.

【토리노】

피에몬트의 주도인 토리노(인구 180만 명)는 이탈리아 알프스로 향하는 관문이며 주요 산업 중심지이자 교통의 요지이다.

베네치아 대운하

【 팔레르모 】

기원전 8세기에 페니키아인이 세운 팔레르모(인구 85만 2천 명)는
시칠리아의 주도이자 주요 항구이다.

【 베네치아 】

베네토의 주도인 베네치아(인구 28만 1천 명)는 또 하나의 위대한
르네상스 중심지이다. 오랜 역사의 베네치아는 석호에 자리한

수많은 섬을 연결하여 탄생했으며 운하와 수많은 다리로 유명하다. 베네치아는 매력적인 문화와 건축물이 많은 곳이며 이탈리아의 주요 항구이다.

【 볼로냐 】

산업 도시이자 고대 대학가였던 볼로냐(인구 80만 5천 명)는 에밀리아 로마냐의 주도이다. 훌륭한 음식과 농산물 시장으로 유명하며 교통의 요지이다.

【 제노바 】

제노바(인구 68만 명)는 이탈리아 북서부 리구리아의 주도이며 이탈리아 최대 항구이자 이탈리아 산업과 상업의 중심지이다.

【 피렌체 】

토스카나의 주도인 피렌체(인구 30만 8,500명)는 이탈리아의 르네상스 시기 메디치 가문이 이끌었던 건축 도시로서의 전성기 때 만들어진 건축물과 예술품으로 유명하다. 오늘날은 패션도시, 주요 상업 중심, 교통의 요지, 산업 중심으로도 기능하고 있다.

역사 개관

이탈리아는 찬란한 예술작품과 숨 막히게 아름다운 풍경으로 유명하다. 19세기 이탈리아에 잠시 살았던 영국의 낭만파 시인 퍼시 비시 셸리와 조지 고든 바이런은 이탈리아에 대한 사랑을 열렬하게 토로했다. 라스페치아 근처의 해안에서 작은 배를 타고 가다 폭풍우에 휘말려 익사한 셸리는 『Julian and Maddalo』(1819)에서 이탈리아를 '망명자들의 천국'이라고 묘사했다. 바이런은 1814년 4월 28일 아내 애나벨라 밀뱅크에게 보낸 서신에서 "이탈리아는 나를 끄는 자석"이라고 썼다. 그로부터 약 100년 후, 미국 출신의 여류 소설가 헨리 제임스는 역시나 소설가였던 이디스 워튼에게 이렇게 썼다. "이탈리아는 지상에서 가장 아름다운 나라요. 아름다움과 흥미, 복합적인 아름다움에 있어서 그 어떤 나라도 이탈리아에 견줄 수 없어서, 다른 나라는 아예 언급할 가치조차 없을 정도라오."

흥미롭게도 중세의 시인 보카치오부터 단테까지 이탈리아인들은 앞의 작가들과는 아주 다른 시선으로 고국을 바라봤고, 수백 년 동안 이탈리아를 창녀, 타락한 여인, 사창가 등지로 묘사했다. 과거 이탈리아는 국토의 통일을 이루지 못해 도시국가 간 전쟁이 빈번히 발생했고, 훗날 다른 유럽세력에 의해 지배를 당하는 아픔을 겪었다. 현대 이탈리아가 겪고 있는 문제 중에도 바로 이런 역사에서 비롯된 것이 많다. 이탈리아는 1861년이 되어서야 통일을 이루어 단일국가로 탄생했으며, 이런 이유로 고색창연한 유적과 유물이 많음에도 불구하고 여전히 '신생' 국가 같은 느낌이 있다.

【 선사시대 】

기원전 2000년경 청동기 시대, 다뉴브 분지 출신의 인도-게르만족의 이탈리아 부족들이 이탈리아에 정착했다. 토스카나 지방의 도시국가에서 발달한 에트루리아 문명은 이탈리아 최초의 세련된 토착문명이었다. 기원전 650년, 에트루리아 문명은 이탈리아의 중북부까지 세력을 넓혀 초기 도시 생활의 기준을 제공했다. 에트루리아는 이탈리아 반도의 동서쪽 바다를 모두 다스렸고, 한동안은 이탈리아 서해안의 중심부 저지대에 위치한 이웃 도시국가, 라티움을 지배하기도 했다. 에트루리아는 이탈리아 남부로 세력을 확장하려는 야심을 가지고 있었고, 이에 기원전 524년 나폴리 근처의 그리스인 거점 도시 쿠마이를 공격했지만 손실만 입고 물러났다. 이후 기원전 474년

이탈리아 남부의 파에스툼에 있는 헤라 신전(기원전 500년경)

에도 에트루리아 해군은 쿠마이 해전에서 그리스 군에게 패배했다.

당시 남부 이탈리아의 그리스 식민지는 이미 올리브와 포도를 재배하고 있었고 알파벳을 썼다. 그리고 당연하게도 이러한 그리스 문명은 훗날 로마제국에 지대한 영향을 미쳤다.

【 로마의 대두 】

기원전 3~4세기 라티움 지방에서 두각을 나타내던 도시국가

로마는 세력을 확장하고, 이탈리아 반도를 통일하기에 이른다. 전설에 따르면 로마는 알바롱가의 왕 누미토르의 딸 레아 실비아가 군신 마르스(그리스 신화의 아레스)와의 사이에서 낳은 쌍둥이 아들, 로물루스와 레무스가 세웠다고 한다. 둘은 갓난아기일 때 테베레강 유역에 버려져 죽을 뻔했지만, 암늑대가 쌍둥이를 발견해 젖을 먹여 키웠고, 그러다 한 목동이 늑대가 키우고 있는 아이들을 발견해 데려다가 키웠다고 한다. 로물루스는 기원전 753년, 늑대가 자신과 쌍둥이 형제를 구했던 테베

레강 유역의 팔라티노 언덕에 로마를 세우고, 초대 왕으로 즉위했다. 그 뒤로 7명의 왕이 로마의 왕위에 오르게 된다.

기원전 510년, 에트루리아의 마지막 왕을 축출함으로써 로마는 왕정시대를 끝내고 공화정시대에 진입했다. 로마는 헌법을 안정적으로 정비함으로써 그 정치적 영향력을 더욱 공고히 했고, 결국은 이탈리아 통일에 성공했다. 로마는 이에 만족하지 않고 외적과 이웃국가들을 물리치고 보호령을 세워 지배했으며, 이탈리아 국경 밖의 지역도 정복하는 등 적극적으로 영토를 확장해 나갔다.

【로마제국】

로마 공화정은 내부적인 정치적 격변과 내전에도 불구하고 영토 확장을 계속하다가, 결국 율리우스 카이사르가 기원전 44년에 살해당하는 비극을 맞는다. 그 뒤 아우구스투스와 그의 후계자들이 로마제국을 세웠고, 이후 로마는 번성의 길을 걷는다. 역사는 아우구스투스를 "로마를 벽돌의 도시에서 대리석의 도시로 변모시킨 인물"이라고 평가하고 있다. 그러다 64년, 네로 황제 재임 시절 로마에 대화재가 발생했다. 민심이 악화되자 네로 황제는 비난 여론을 모면하기 위해 새로운 희생

양을 만들기로 결심하고 기독교 박해를 시작했다. 베드로와 바울이 처형당한 것도 이때즈음이었다. 베드로는 십자가에 거꾸로 매달려 죽임을 당하였고, 로마에서 태어난 로마시민이었던 바울은 참수당해 생을 마감했다.

고대 로마의 초대 황제 아우구스투스

　　로마제국은 5세기에 멸망했지만, 전성기 때에는 서쪽으로는 영국, 동쪽으로는 메소포타미아와 카스피해까지 방대한 영토를 자랑했다. 당시 로마인에게 지중해는 내륙의 호수에 불과했고, 때문에 그들은 지중해를 우리들의 바다라는 뜻의 '마레 노스트룸Mare Nostrum'이라고 불렀다. 고대 로마와 이탈리아 문명은 중세, 르네상스 시대 그리고 그 이후에 이르기까지 서구유럽 전체의 미술과 건축, 법학, 공학 등에 뿌리가 되었고 지대한 영향을 미쳤다. 또한 이탈리아의 언어였던 라틴어가 국제적으로 사용되면서 학자들과 유럽 왕실도 라틴어를 공용어로 사용했다.

【 제국의 쇠퇴와 교회의 부상 】

330년 로마 황제 중 최초의 기독교 황제였던 콘스탄티누스 대제가 수도를 비잔티움(콘스탄티노플로 명명, 현대의 이스탄불에 해당)으로 천도하면서, 로마의 중요성은 점점 줄어들었다. 395년, 로마 제국은 동로마와 서로마로 분열되었고 각기 다른 2명의 황제에 의해 지배된다. 그러는 사이 야만족들은 제국의 약화된 방어력을 노리고, 끊임없이 국경 근처를 탐색하며 압박을 가해왔다. 410년 트라키아의 서고트족은 왕 알라리크를 앞세워 로마를 침략해 대대적으로 약탈했다. 외적의 이탈리아 침입은 그 후에도 계속됐다. 452년 훈족의 아틸라 왕이 이탈리아를 급습했고, 455년에는 반달족이 침입했다. 그러다 476년, 서로마 제국의 마지막 황제였던 로물루스 아우구스투스가 폐위되었고, 568년에는 롬바르드족이 이탈리아에 침입해 롬바르디아와 중부 이탈리아를 손에 넣었다.

시칠리아 몬레알레 대성당 앱스에 있는 전지전능한 예수 모자이크

　서로마 제국이 멸망하자 제국의 문화와 정통성을 이어갈 유일한 상속자로 로마의 교회가 떠올랐고, 교황의 힘은 나날이 커져만 갔다. 교황 그레고리우스 1세(재임기간 590~604)는 로마에 4개의 성당을 짓고, 이방인들에게 기독교를 전파하기 위해 선교사들을 파견했다. 이러한 일환으로 영국으로 파송된 아우구스티노는 영국 교회의 창시자가 되었다. 800년 크리스마스 당일, 교황 레오 3세(795~816)는 미사 도중 기독교를 수호했던 프랑크 왕국의 샤를마뉴에게 로마제국 황제의 칭호를 수여한다. 그렇게 잠시 동안이었지만 독일과 이탈리아는 기독교를 숭상하는 로마제국으로 통일된다. 이로부터 1250년까지 교

황과 신성로마제국은 친구였다가 적이 되는 관계의 부침을 겪는다. 이러한 교황과 제국의 관계는 이후 이탈리아 역사의 향방을 결정하는 중요한 요소로 작용한다.

【 도시국가 】

12~13세기 교황과 신성로마제국은 서구 기독교 세계의 영적, 세속적 권력을 두고 치열한 다툼을 벌였다. 교황과 신성로마제국이 이런 다툼을 벌이는 동안 이탈리아의 도시들은 느슨해진 중앙권력의 틈새를 놓치지 않고 자치권을 행사하는 공화국으로 발전했다. 북부 도시들은 교황의 지원 아래 롬바르드 연합을 형성해 제국의 통치에 저항했다. 교황의 권력과 영향력은 인노첸시오 3세(1198~1216) 때 정점에 달했다.

알프스에서부터 시칠리아에 이르기까지 이탈리아 영토에는 왕국과 공작 영지, 도시국가가 복잡하게 혼재했다. 수백 년에 걸쳐 계속되는 전쟁과 그로 인해 높아진 무역 장벽으로 인해 이탈리아 내 인접 국가 간 적대감과 반감은 커져만 갔고 지역감정도 심화됐다. 또한 교황이 다스리고 있었던 로마지역을 제외하고, 대부분 국가가 외국의 지배를 받았다. 각 국가는 자체적으로 정부를 갖추고 있었고, 고유의 풍습과 토착 언어를 사용하고 있었다. 이렇듯 과거 이탈리아는 정치적으로 불안정했기에, 그 역사를 돌이켜보면 정치적 업적보다는 개인이 이룬 업적이 컸다고 할 수 있다. 한편 이즈음 이탈리아 곳곳에는 위대한 도시들이 번성했고, 중세시대 학문의 터전이 생겨나기 시작했다. 12세기에 설립된 볼로냐대학은 유럽에서 가장 오래된 대학이다.

【 이탈리아의 르네상스 】

14세기, 이탈리아에서 학문과 예술의 문화적 부흥운동 르네상스가 시작되었다. 종교에서 벗어나 인간 중심으로 세상을 바라보자는 새로운 학문운동인 인본주의가 퍼지며, 고대 그리스 로마 문명을 재해석하고 인간을 중심으로 하여 물리적 우주를 연구하는 움직임이 일어난 것이다. 이탈리아의 작가 보카치오와 페트라르카는 라틴어가 아닌 이탈리아어로 작품을 썼다. 지식을 추구함으로써 자연주의가 다시 대두했고, 해부학과 균형에 대한 관심이 늘었다. 이 모든 내용은 이탈리아의 예술가 겸 철학자였던 레온 바티스타 알베르티의 논문에 자세히 기록되어 있다.

  이 시기 예술은 피렌체의 메디치, 밀라노의 스포르차, 로마

바티칸의 시스티나 예배당 천장에 미켈란젤로가 그린 걸작 중 아담의 창조 부분

의 보르지아 등 이탈리아의 부유한 귀족 가문의 후원을 받았다. 이 시대는 다방면에 능통한 '르네상스인'의 전성기였다. 그림, 건축, 과학, 공학 등에 뛰어났던 레오나르도 다빈치와 조각가 겸 화가, 건축가, 시인이었던 미켈란젤로가 그 대표적 예이다. 그 시대의 위대한 예술가로 라파엘과 티치아노도 빼놓을수 없다. 브루넬리스키와 브라만테와 같은 건축가들은 고대 로마의 건축물을 연구해 균형과 설계의 명료함, 비율을 강조했다. 르네상스 시대의 유명 건축가 안드레아 팔라디오는 고대

건축의 원칙을 시대에 맞게 재해석해 고유의 팔라디안 스타일
을 완성했다.

해부학을 의학의 필수 과정으로 만든 안드레아스 베살리
우스는 여러 이탈리아 대학교에서 해부학을 강의했다. 이탈리
아가 유럽 음악문화의 중심이던 그때, 작곡가 지오반니 팔레
스트리나는 이탈리아의 대위법을 뛰어나게 구사해 여러 명곡
을 남겼다. 물리학자 겸 천문학자였던 갈릴레오 갈릴레이는 여
러 중요한 연구 업적을 남겼지만 1616년에는 교황에 의해 구속

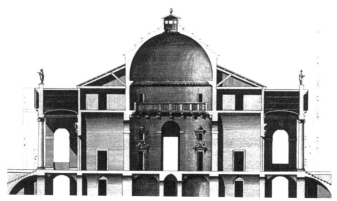

비첸차에 있는 팔라디오의 빌라 로톤다의 횡단면도(1570년경)

되고 1633년에는 강요에 의해 지동설에 대한 지지를 철회하는 등 고초를 겪었다.

인쇄술이 발명되고 지리적 항해로 신대륙을 발견하게 되면서 르네상스 시대의 탐구심과 회의론은 한층 강력해졌다. 하지만 개신교와 이단의 전파를 멈추고자 일어난 반종교개혁으로 인해 16세기 이탈리아에는 지성의 자유가 거의 말살되다시피 했다.

【 외세의 침입 】

15세기 이탈리아 영토의 대부분은 5개의 군소국, 즉 북부의 밀라노, 피렌체, 베네치아와 중부의 교황령, 남부의 양 시칠리아 왕국(1442년, 나폴리와 시칠리아가 통일됨)의 지배 아래 있었다. 하지만 이들 국가 사이의 전쟁으로 이탈리아가 혼란에 휩싸이자, 그 틈을 타 스페인과 프랑스 등 외세가 침입했다. 1494년 프랑스의 샤를 8세는 나폴리를 지배하기 위해 이탈리아를 침공했고 어느 정도의 성공을 거두었다. 하지만 프랑스에 맞서 밀라노와 베네치아, 스페인, 신성로마제국이 연합해 동맹을 결성했고 프랑스는 어쩔 수 없이 이탈리아에서 물러나야 했다.

16세기와 17세기, 프랑스와 오스트리아, 스페인 왕가들은 이탈리아 지배를 두고 치열한 각축전을 벌였다. 이탈리아 파비아에서 스페인이 프랑스를 격파하자, 교황은 서둘러 스페인에 맞서는 동맹을 결성했다. 뒤이어 일어난 전쟁에서 합스부르크 군주국의 카를 5세가 교황에 맞섰고, 1527년 그가 이끄는 독일 용병들은 로마를 약탈하고 바티칸에서 그들의 말을 쉬게 하고 먹였다. 오늘날 일부 역사학자들은 이 장면을 이탈리아 르네상스의 종말을 상징한다고 해석하기도 한다.

16세기 스페인은 세계의 신흥강자로 부상했고, 이탈리아는 스페인 합스부르크 왕가의 수중에 들어갔다. 스페인 왕이면서 동시에 오스트리아의 대공이었던 카를 5세는 나폴리와 시칠리아를 다스렸다. 17세기 이탈리아는 사실상 스페인제국의 일부가 되었으며, 경제적, 문화적으로 쇠퇴의 길에 들어섰다. 그러다 1713년 스페인 왕위계승 전쟁을 종식시킨 위트레흐트 조약이 체결되자, 스페인 대신 오스트리아가 이탈리아에 대한 지배력을 행사하기 시작했다. 하지만 1735년, 스페인 부르봉 왕조가 나폴리 왕국의 왕위에 올라 일대를 지배했고, 이로써 스페인 문화는 이탈리아 남부 문화에 지대한 영향을 남겼다.

【 프랑스의 지배 】

한동안 유지되었던 구질서는 프랑스의 혁명전쟁으로 완전히 무너졌다. 1796~1814년, 나폴레옹 보나파르트는 이탈리아를 점령하고 신탁통치하면서 프랑스혁명의 이상을 퍼트렸다. 처음 나폴레옹은 자신이 마음대로 조종할 수 있는 몇 개의 공화국으로 이탈리아를 나누어 다스렸지만, 이후 프랑스에서 절대적 권력을 쥐게 되자 양 시칠리아 왕국을 자신의 형인 조제프에게 주어, 나폴리의 왕으로 삼았다(이후 왕위는 그의 처남인 조아생 뮈라에게 넘어간다). 북부의 밀라노와 롬바르디아는 새로운 이탈리아 왕국에 편입되었다. 이탈리아 왕국의 왕위에는 나폴레옹이 올랐으며, 총독 자리에는 그의 양아들 외젠 드 보아르네가 앉았다.

프랑스의 지배 아래 이탈리아인들은 나폴레옹 법전을 따랐고, 이전보다 현대적이고 중앙집권적인 국가와 개인주의적인 사회에 적응해갔다. 나폴리 왕국에서는 봉건제도하의 특혜가 폐지되었고, 민주주의와 사회적 평등에 대한 개념이 생겨나기 시작했다. 프랑스가 이탈리아를 지배한 짧은 기간은 이탈리아에 정치적 자유와 사회적 평등, 새로운 차원의 애국심을 유산으로 남겨주었다.

나폴레옹은 이탈리아 왕국을 건립하며 이탈리아 반도의 북부와 중앙에 위치하고 있던 독립적 도시국가들을 처음으로 통합했고, 이로써 이탈리아 통일에 대한 염원은 더욱 커져갔다. 당시 이탈리아 남부에는 숯 굽는 사람이라는 뜻의 '카르보나리carbonari'라는 혁명 비밀결사가 조직되어, 외세의 지배에서 이탈리아를 해방시키고 법치를 수호하기 위한 활동을 전개했다.

【 이탈리아의 통일 】

1815년 나폴레옹이 패배한 후 승리를 거둔 연합군은 유럽 내 권력의 균형을 회복하기 위한 방법을 찾았다. 이탈리아는 오스트리아가 다스리는 롬바르디아와 베네치아, 교황령, 사르데냐 왕국과 나폴리 왕국 및 작은 4개의 영지로 다시 분열되었다. 하지만 전쟁 전 상태로 복귀하는 것은 불가능했다.

이탈리아인들의 독립과 민주주의에 대한 이상은 이탈리아 국가 독립 및 통일운동으로 나타났다. 이 운동을 '리소르지멘토 Risorgimento'라고 하는데, 이탈리아어로 부활을 뜻한다. 1831년, 이상주의자이며 급진주의자였던 주세페 마치니는 '청년 이탈리아'라는 운동을 창시해 통일공화국을 세울 것을 널리 호소했다. 마치니의 혁명운동에 동참했던 사람 중 가장 유명한 인물로 남미에서 긴 혁명 여정을 시작했던 혁명가, 주세페 가리발디를 들 수 있다. 하지만 리소르지멘토를 설계한 수장은 사르데냐 왕국의 총리였던 카밀로 카보우르였다.

이탈리아 독립을 요구하는 반란이 1820~1821년 나폴리와 피에몬테에서, 1831년에는 교황령과 파르마, 모데나에서 그리고 1848~1849년에는 이탈리아 반도 전역으로 불길처럼 퍼져나갔지만 제도권에 진압되었다. 하지만 예외가 있었으니 입헌군주제를 실시하던 사르데냐였다. 사르데냐는 정치적 반란을 이용해 이탈리아 통일을 주도해나갔다. 카보우르는 인내심을 가지고 뛰어난 능력을 발휘해 외교 전략을 펼쳐, 절대주의 체제에 맞서는 전쟁에 영국과 프랑스의 지원을 얻어냈다. 나폴레옹 3세의 지원 아래 사르데냐 왕국의 왕, 비토리오 에마누엘레

2세는 1859년, 롬바르디아에서 오스트리아 세력을 축출했다. 이듬해 가리발디는 1,000명의 자원자로 이뤄진 '천인대$^{I\ Mile}$', 즉 '붉은 셔츠 부대'를 이끌고 한 명의 손실도 없이 쉽게 시칠리아를 점령했다. 시칠리아 사람들은 가리발디와 그 부대를 해방자라며 열렬히 환영했

주세페 가리발디

고, 그들은 압제적인 부르봉 왕조를 몰아내고, 곧 반도의 북쪽으로 진격을 개시했다.

그때 비토리오 에마누엘레가 교황령에 진입했고, 그대로 나폴리까지 진격해 가리발디의 군대와 왕의 군대가 나폴리에서 만났다. 그곳에서 가리발디는 자신의 군대를 왕에게 바치고 통일의 공을 모두 비토리오 에마누엘레에게 돌린 뒤 물러났다. 1861년 3월 17일, 토리노에서 비토리오 에마누엘레가 이탈리아의 초대 왕으로 추대되었다. 1866년에는 오스트리아와의 전쟁을 통해 베네치아와 베네토주의 일부를 되찾았고, 1870년에는 교황의 저항을 물리치고 로마를 점령해 이탈리아의 통일을

완성했다. 하지만 이탈리아는 교황의 영적 자치권을 법으로 보장했고, 로마 내 몇 채의 특정 건물에서 통치권을 행사할 수 있도록 했다. 그렇게 바티칸은 이탈리아 내 자치국가 지위를 획득할 수 있었다.

리소르지멘토의 영웅시대가 지나간 뒤, 로마의 중앙정부는 부패와 비효율성 문제로 몸살을 앓았다. 이탈리아의 통일이 이탈리아의 적의 적이었던 프랑스와 프로이센 때문에 가능했다는 인식과 현실로 다가온 경제적 어려움은 심각한 혼란과 불안을 야기했다. 1898년 밀라노에서는 사회주의 시위 진압 뒤 식량폭동이 일어났다. 이런 배경 아래 1900년에 움베르토 1세가 무정부주의자에게 암살당했다.

이후 이탈리아는 유럽 각국의 세력 각축장이 되었고, 이탈리아도 제국주의의 야심을 품기 시작했다. 튀니지의 수도 튀니스가 프랑스에 넘어가자 이탈리아는 1882년 독일, 오스트리아와 삼국동맹을 체결했고, 1889년 아프리카 북동부의 에리트레아를 점령해 식민지로 삼았다. 에티오피아도 식민지로 삼고자 했지만, 1896년 이탈리아 군대가 에피오피아의 아두아에서 에티오피아 군대에게 참패하며 희망을 접어야 했다. 하지만 1911~1912년, 터키와의 전쟁 끝에 리비아와 에게해의 도데

카네스 제도를 손에 넣으면서, 옛날 로마제국의 드넓은 영토를 재현하겠다는 꿈을 다시 꾸게 되었다. 제1차 세계대전이 발발하자 이탈리아는 곧 삼국동맹의 폐기를 선언하고 중립을 지켰지만, 1915년에는 연합군 측에 가담했다. 하지만 1919년 전쟁이 끝난 후, 승전국이었던 이탈리아는 요구에 훨씬 못 미치는 초라한 보상을 받았다. 트리에스테, 트렌티노, 남부 티롤을 넘겨받았지만 식민지는 거의 받지 못한 게 문제였다. 여기서 받은 수치심은 이후 몇 년 동안이나 이탈리아를 그림자처럼 따라다니며 괴롭힌다.

종전 후, 이탈리아의 정치와 사회 불안이 급증했고, 상황은 심각했지만 힘을 잃은 정부가 해결하기에는 역부족이었다. 전후, 많은 퇴역군인들이 제대로 살 길을 찾지 못하면서 사람들은 전쟁 결과에 커다란 실망감을 느꼈다. 1919년 민족주의자 시인이자 전쟁 영웅이었던 가브리엘레 단눈치오가 여기저기서 긁어모은 탈영병들을 이끌고, 베르사유 조약하에 유고슬라비아에게 수여되었던 현 크로아티아의 항구 피우메로 진격해 점령하는 계획을 감행했다. 이 부대는 3달 뒤 해체됐지만, 이는 4년 후 파시스트들이 벌일 만행의 전조였다.

【 로마 진군 】

이후 이탈리아는 인플레이션과 실업, 폭동, 범죄로 몸살을 앓았다. 공장의 노동자들은 노동조합을 결성했고, 사회주의자들과 공산주의자들이 거리에서 연일 행군을 벌였다. 이런 배경 아래 베니토 무솔리니가 이끄는 극우 파시스트당은 위협받고 있었던 중산층과 자본가, 지주, 사회 전 계급의 애국자들의 호응을 얻었다. 파시스트당은 그 휘장으로 고대로마의 집정관들이 쓰던 상징, '파스케스fasces'를 썼다. 파스케스는 막대기 다발 사이에 도끼를 끼워 넣은 강력한 권위와 결속의 상징이었다. 1921년 선거에서 파시스트당이 기대 이상의 성과를 거두자 그들은 날이 갈수록 거만해졌고 폭력적인 면모를 드러냈다. 무장한 파시스트 부대들은 대도시에서 자신과 다른 생각을 지닌 시민들을 무차별 공격했다.

1922년 10월, 분노한 젊은 무솔리니는 나폴리에서 열린 파시스트 대표자 회의에서 검은색 셔츠를 입은 수천 명의 추종자들에게 이탈리아 정부의 정권을 이양하라고 요구하는 연설을 했다. 청중은 "로마, 로마, 로마로 가자!"를 외치며 호응했다. 여기에 파시스트 전위대가 동원되었고, 로마 진군이 시작되자 당시 총리였던 루이지 팍타가 사임했다. 그렇게 수천 명의 '검은 셔츠단camicie nere은 아무런 저지도 받지 않고 로마로 진군할 수 있었다. 곧 이탈리아의 왕 비토리오 에마누엘레 3세는 무솔리니를 수상으로 임명했다. 그렇게 이탈리아의 위험한 시대가 시작됐다.

【파시즘】

무솔리니는 군대의 열렬한 충성심이 행여나 꺼질세라 재빨리 움직였다. 무엇보다 그는 관계가 틀어져 있던 이탈리아와 바티칸 사이를 중재하고 나서, 1929년 교황과 라테란 협정이라 불리는 콘코르다트에 서명함으로써 교황에게 독립정부를 다스릴 권한을 부여했다. 무솔리니의 집정 아래 이탈리아는 여전히 입헌군주국의 허울을 쓰고 있었지만, 실상은 독재국가였다. 파시스트 정권은 자신과 생각을 달리하는 모든 상대를 잔인하게 살해했고, 이탈리아인 삶의 모든 면면을 통제했다. 집권 초기 개인의 자유를 억압했음에도 불구하고 파시스트 정권은 나라 경영의 개선, 경제 안정, 근로조건 개선, 대규모 공공사업 개시 등으로 민중의 호응을 얻었다. 이탈리아가 선택한 운명의 남자 무솔리니는 '지도자'라는 뜻의 이탈리아어 '일 두체il duce'라고 불리며 우상화되었고, 공동체의 상징이 되었다. 무

솔리니와 독일의 아돌프 히틀
러는 여러 유사점이 있었지만,
나치와는 달리 파시스트는 순
수 혈통에 대한 이론을 주장
하지는 않았다. 1938년 반유
대주의 조치를 도입하기는 했
지만(아마도 독일의 압력하에 그랬을
것이다), 독일이 했던 것처럼 무
자비한 조치를 이행하지는 않
았다.

무솔리니는 자신을 로마제국의 상속자로 여기고, 다시 한
번 제국을 건설하겠다는 공격적인 목표를 세웠다. 이에 따라
1935~1936년, 제대로 무장한 이탈리아 군대는 독가스를 사용
하고 적십자 병원을 폭파하는 등 무자비하게 에티오피아를 침
공했다. 이를 이유로 국제연맹이 이탈리아에게 무역제재를 실
시하겠다고 위협하자, 이탈리아는 1936년 나치와 함께 추축동
맹을 결성했고, 1939년 4월에는 알바니아를 침략했다. 침략 당
시 알바니아 왕은 이탈리아의 비토리오 에마누엘레 3세가 이
탈리아와 알바니아의 국왕 그리고 에티오피아의 황제로 추대

되자 이미 나라를 버리고 도망가 버리고 없었다. 무솔리니는 자신의 동료 독재자들을 지원사격하고 나섰다. 스페인 내전 (1936~1939)에는 독재자 프랑코를 위해 병력을 파견했고, 제2차 세계대전 때는 독일의 동맹군으로 참전했다.

하지만 전쟁은 이탈리아에게 불리하게 돌아갔다. 이탈리아는 북아프리카와 그리스에서 패배했고, 설상가상으로 연합군이 시칠리아를 침공하며 벼랑 끝으로 몰렸다. 이탈리아의 민심이 악화되면서 무솔리니의 세력도 약화되었다. 1943년 그는 자신이 조직한 파시스트당 대회에서 파면되었다. 바돌리오가 이끄는 새 정부는 연합군에 항복하고, 이제 전쟁은 온전히 독일의 것임을 선언했다. 이탈리아를 빠져나가 독일 낙하산 부대에게 구출된 무솔리니는 북부 이탈리아에 독립정부를 세웠다. 독일은 이탈리아 북부와 중부를 점령했고, 1945년 전쟁이 끝날 때까지 이탈리아는 전쟁터였다. 무솔리니와 그의 정부였던 클라라 페타치는 이탈리아를 빠져나가려다 코모호에서 붙잡혀 총살당했고, 둘의 시신은 밀라노의 한 광장에 거꾸로 매달려 시민들이 던지는 돌을 맞는 수모를 당했다.

전후 이탈리아

1946년 비토리오 에마누엘레 3세는 그의 아들 움베르토 2세에게 왕위를 물려줬지만, 움베르토 2세는 단 34일 만에 왕좌에서 내려와야 했다. 6월에 열린 국민투표에서 이탈리아인들이 군주제를 철폐할 것을 선택한 것(1,200만 표 vs. 1,000만 표)이다. 이탈리아는 그렇게 공화국이 되었다. 1947년에는 점령했던 식민지를 모두 빼앗겼다. 그 이듬해 새 헌법이 시행되기 시작했고, 기독교민주당이 정부 여당으로 부상했다.

사보이 왕가는 그 지위를 포기하고 이탈리아를 떠나야 했으며, 다시 이탈리아 땅을 밟는 것이 금지되었다(2003년 5월. 상원은 사보이 왕가의 이탈리아 재입국을 투표에 부쳤고 찬성 235표, 반대 19표로 왕가의 재입국이 허용됐다).

오랜 세월 동안 다수의 독립국가로 이뤄져 있던 나라를 통일하기 위해 이탈리아의 초기 지도자들은 극도로 관료적인 국가를 만들었고, 그로부터 50년 후 무솔리니는 이러한 구멍을 이용해 자기 마음대로 나라를 조종할 수 있었다. 로마에 권력이 지나치게 집중된 국가운영체계는 파시즘의 몰락과 왕가의 불명예스러운 최후 속에서도 살아남아, 운영비용이 많이 드는 거대한 요식체계와 고루한 의사결정 방법만을 남겼다.

20세기 후반, 기독교민주당과 사회당, 공산당이 연립내각을 구성해 정국을 이끌었으나 3개 당 모두 날이 갈수록 부패해 갔다. 연정 내 끊임없는 권력 다툼 때문에 중도에 정부가 해산되고 새로운 연립내각을 구성하는 일이 주기적으로 발생했지만, 체제는 바뀌지 않았다. 정치인들에게 뇌물은 막대한 후원금을 얻을 수 있는 출처였기 때문에, 1990년대 초반까지만 해도 그 액수를 정확하게 파악하지 않았다. 하지만 정경유착 뇌물 스캔들이 터졌고, 기독교민주당의 다수 의원들은 하룻밤 사이 자리에서 물러나야 했다. 이탈리아인들에게 이는 소련의 몰락만큼이나 충격적이고 중대한 사건이었다.

종전 후 이탈리아의 가장 어두웠던 시기로 '총탄의 세월anni di piombo'을 꼽을 수 있다. 한 이탈리아 기자는 이 시기를 두고 1960년대 일어난 산발적 내전이라고 표현했는데, 이 시기가 남긴 어두운 그림자는 오늘날까지도 완전히 사라지지 않고 있다. '총탄의 세월'은 1960년대 후반부터 1980년대까지 이탈리아에서 좌우익 무장단체가 총과 폭탄을 동원해 테러와 납치를 자행했던 시절이다. 이 시기에 약 1만 5,000건의 테러 공격이 일어나 491명의 이탈리아인이 사망했다. 희생자 중에는 기독교민주당의 수장이었던 알도 모로 같은 저명한 정치인도 있었다. 1980년대 초반까지 지속된 총탄의 세월 동안 붉은 여단과 같은 악명 높은 테러조직이 만들어졌고, 1969년 밀라노의 폰타나 광장 폭발사건과 같이 극좌파의 극단적 잔혹행위도 일어났다. 이 시기 이탈리아는 극우, 극좌파가 벌이는 범죄로 몸살을 앓았다.

이탈리아 시칠리아에서 기원한 전통적 범죄조직 마피아는 지역 정계와 재계를 좌지우지할 정도로 영향력이 강력했다. 조직 내 폭력사건도 자주 있었고, 마피아에 대항한 판사나 정치인이 잔혹하게 암살당하는 일도 일어났다(시칠리아에서 마피아는 '코사 노스트라'라 불리며, 나폴리에는 이에 대응하는 카모라가 있다).

【 부패추방운동, 마니 풀리테 】

1990년대에는 공직사회의 부패를 청산하기 위해 '마니 풀리테^{Mani Pulite}' 운동이 일어났다. 마니 풀리테란 이탈리아어로 '깨끗한 손'이라는 뜻이다. 최종 결과에 대해 냉소를 표하는 이들도 있지만, 이 운동으로 인해 1960~1970년대의 폭력적이고 극단적이었던 정치가 사라지고, 보다 주류에 속하는 정부가 등장했다. 정부 구성에 큰 변화를 가져왔던 몇 차례의 선거 후 치러진 1996년의 선거는 기존의 야당과 재건공산당 등 신규 정당들이 한편이 된 좌파연합과 그에 대응하는 우파연합이 치열하게 대립한 구도를 보였다. 우파연합은 이탈리아 북부의 분리를 주장하며 빠르게 세력을 키워나가고 있었던 북부동맹^{Lega Nord} (Lega라는 이름으로도 알려져 있음)과 이탈리아의 언론 거물이자 세계에서 가장 부유한 남자 중의 한 명인 실비오 베를루스코니가 이끄는 전진 이탈리아당, 네오파시스트당 등으로 구성되어 있었다. 제2차 세계대전이 끝난 후 50년 동안 이탈리아의 중앙정부에는 파시즘과 공산주의라는 두 극단이 여전히 사라지지 않고 남아 있었다. 이탈리아에서 가장 조직적인 정당이었던 좌파민주당은 기독교민주당 다음 가는 원내 2당 위치를 고수했지만, 좌파의 집권을 두려워한 기성 정당들의 견제로 한 번도 연정에 참여하지 못하는 불운을 겪어야 했다. 또한 네오파시스트당은 무솔리니를 지나치게 연상시키는 것으로 여겨졌다.

과거의 이미지를 바꾼 지난날의 극우, 극좌파들은 오늘날 최선을 다해 자신을 '주류'로 포장하고 있다. 1996년 이후 나라를 이끌고 있는 좌익중도 연정의 주요 정당인 좌파민주당 ^{Partito Democratico della Sinistra}은 긴급 재정개혁을 실시해 1999년 1월, 이탈리아가 유럽통화동맹^{EMU}에 가입할 수 있도록 했다.

【 베를루스코니 시대 】

2001년 선거에서 언론사 및 국내외 기업체를 소유한 재벌이자 연정으로 정국을 이끌던 전진이탈리아당의 수장, 실비오 베를루스코니가 총리로 임명되었다. 한편 이탈리아는 2003년 EU 의장국을 맡았다.

베를루스코니는 이탈리아 역사상 최장기간 총리를 역임했으나, 2011년 의회에서 과반수 확보에 실패하고, 2011년 예산 지출안 승인 투표에서 패배한 데다 사생활 추문까지 쏟아지면서 총리 자리에서 물러났다.

대통령은 연정의 새로운 지도자로 전 경제학 교수, 마리오 몬티를 기술관료 정부의 수장으로 임명하고, 수렁에 빠진 이탈리아 경제를 다시 본 궤도에 올려놓으라는 과제를 주었다. 모든 면에서 베를루스코니와는 반대였던 몬티는 이탈리아 경제의 균형을 되찾아줄 일련의 긴축정책을 도입하고 정치인들의 '특전'을 줄였다. 또한 공무원들에게 일찍 넉넉하게 지급되었던 공무원 연금제도를 재검토했고 탈세 조사 및 단속을 강화했다.

몬티 정부는 수립 후 2년 뒤인 2013년, 베를루스코니의 전진이탈리아당이 현 정부에 대한 지지를 철회하면서 해체되었다. 2013년 하원은 새로운 총리로 엔리코 레타를 임명했고, 2015년 엔리코 레타는 마테오 렌치로 교체되었다. 이렇게 2011년 이후 이탈리아는 총선거 없이도 총 3명의 총리가 교체되는 정계 불안을 겪어야만 했다.

2016년에 헌법 개헌 국민투표가 부결된 후 마테오 렌치가 총리직에서 사임했으며, 이후 파올로 젠틸로니가 정부를 이끈 지 18개월 만에 세르지오 마타렐라 대통령 휘하의 주세페 콘테가 이끄는 새 연합 정부가 들어섰다. 새 정부는 극우 포퓰리즘 정당인 동맹(이전 북부 동맹)과 베페 그릴로의 오성운동으로 구성되었다. 가장 거침없는 발언을 하는 정치인은 동맹의 당대표이자 극우 포퓰리스트인 마테오 살비니 부총리이다.

정부

이탈리아의 헌법은 선거로 선출한 대통령을 나라의 수장으로 하고 총리를 정부의 수장으로 하는 다당공화국으로 이탈리아를 규정하고 있다. 입법기관으로는 325석의 상원과 633석의 하원이 있다. 선거는 5년마다 치르며, 선거에서 승리한 정당의 당수나 연정 대표가 총리를 맡는다. 각 지역의 전통과 특성에 따라 영토를 20개 행정 주로 나누어 운영하고 있다.

정치

이탈리아의 정치는 갈등과 대립이 난무하고 때로 거리에서 정치를 이유로 살인미수가 일어나기도 한다. 그래도 결국은 모든 것을 수용하는 예술의 경지를 보여준다.

볼로냐 등 일부 도시는 좌파도시로 유명하고, 부유한 토스카나 지역의 중부 및 북부와 에밀리아 로마냐주 및 마르케주도 오랜 공산주의의 전통을 이어왔다. 하지만 지난 수년간, 이탈리아 정치는 이전보다 중도 성향을 띠기 시작했고, 중도좌파와 중도우파의 연정이 자리 잡았다.

그러나 다른 EU 국가와 마찬가지로 이탈리아에서는 오성운동과 동맹에 힘입어 포퓰리즘이 강해졌다. 이념 간의 갈등을 제외하고도, 한 정당 내 두 인물이 충돌하여 한 명이 탈당해 새로운 정당을 창당해 연정의 주요 구성원이 되는 경우도 있다.

2019년에는 이탈리아의 정치 성향이 우파로 기울었다. 이는 마테오 살비니가 이끄는 여당 동맹의 힘이 컸다. 실비오 베를루스코니 전 총리의 실각과 "테크노크라시"(전문적 지식 또는 과학이나 기술에 의하여 사회 또는 조직 전체를 관리·운영·조작할 수 있고, 따라서 이것을 소유하는 자가 의사결정에 대한 커다란 영향력을 가지게 되는 시스템-옮긴이)를 표방했던 로마노 프로디, 마리오 몬티, 엔리코 레타, 마테오 렌치 총리의 통치를 거치면서 우파로 향하는 흐름은 엘리트/서민이라는 이분법을 활용하여 불법 이민, 범죄, 부패, 안보 불안, '유럽연합' 그 자체 등과 관련하여 현 정부를 공격했다. 동맹과 오성운동은 연합을 통해 2018년 5월 선거 후 연합 정부를 구성하여 집권하게 되었다.

경제

50년 전 이탈리아는 대부분 농업 경제였다. 이제는 유로존의 3대 경제국이자 명목 GDP상으로는 세계 8대 경제국이다. 그러나 오늘날에도 EU 평균보다 생활 수준이 월등히 높은 이탈리아 북부와 중부, 그리고 생활 수준이 상당히 낮은 이탈리아 남부(메초조르노) 사이의 격차는 상당하다.

이탈리아는 금 보유량이 세계 3위이며 선진 제조업 국가로 세계 8위의 수출대국이다. 그러나 특히 2000년대 후반의 경기 침체 이후로 이탈리아는 낮은 경제성장률, 실업률 증가, 공공 부채 급증 등으로 고통받고 있다. 외국 무역과 산업 생산에서 일부 긍정적인 신호가 있었지만, 이탈리아 경제는 2019년 마지막 분기에 정체 상태에 빠졌다. 그러나 2020년 2월 말에 발생한 코로나19 팬데믹과 정부의 봉쇄 조치로 전략 투자 결정과 생산 가능성이 영향을 받는 등 이탈리아 경제는 심각한 타격을 받았다. 2020년에 GDP가 대폭 수축할 것(-8.3%)으로 예상되었지만, 이후 2021년에 일부 회복(4.6%)되었다.

많은 관광객들이 찬란한 유물을 보러 이탈리아를 방문하지만, 이탈리아가 사실은 상대적으로 젊은 국가이며, 과거에 머물러 있는 국가가 아니라 오늘날에도 계속해서 진화하고 있는 현대적인 나라라는 사실을 깨닫고 놀라곤 한다. 일확천금을 추구하는 상업주의에서 그 부정적 측면을 엿볼 수 있다. 천혜의 자연환경을 자랑하는 많은 지역, 특히 해안지대가 무분별한 개발로 파괴된 것이 그 대표적 예다.

이탈리아의 비즈니스는 여러 가지 모순으로 가득하다. 소수

비코 마지스트레티의 의자, 피아지오의 베스파, 그리고 알파로메오 듀에토

의 직원을 두고 세금과 노동법을 피하려 하는 소규모 기업들이 대다수지만, 뛰어난 독창성과 능력을 바탕으로 높은 목표 달성을 위해 노력하는 국제기업들도 있다. 〈이코노미스트〉의 전 편집자, 빌 에모트는 저서 『Good Italy, Bad Italy』에서 이탈리아 기업은 국제화할 때 더 좋은 성과를 낸다고 지적했다. 이탈리아는 패션, 자동차, 음식, 프라다, 페라리 등 명품업계를 선도하고 있다. 전 세계적인 인기를 끌고 있는 초콜릿 누텔라도 이탈리아 제품이다. 한편 이탈리아의 최대 갑부이자 누텔라 제조회사 페레로의 창업자 겸 회장이었던 미켈레 페레로는 2015년 89세의 나이로 사망했다.

가치관과
사고방식

이탈리아에서 우정은 노력하는 것이다. 필요할 때만 연락하거나 당신이 무언가를 도와줄 게 있을 때만 연락하는 것만으로는 충분하지 않다. 이탈리아 친구 또는 동료가 생긴다는 것은 적당한 거리를 둔 합의관계를 맺는 것이 아니라 평생 가는 가족이 생기는 것이다. 이탈리아인과 친구가 되면 그의 가족뿐 아니라 그가 속한 공동체에서도 환영받을 것이다.

지리적으로 또 역사적으로 오랜 분열을 겪었던 까닭에 현재 이탈리아는 각기 다른 방언과 문화를 가지고 다른 색깔의 정치를 펴는 지역들로 이루어져 있다. 이런 상황에서 모든 이탈리아인에게 작용하는 단 하나의 구심점이 있다. 바로 가족이다.

가족 우선주의

이탈리아인의 삶에서 가족이 갖는 중요성은 아무리 강조해도 지나치지 않다. 이탈리아에서 가족은 당신이 믿을 수 있는 사람이고, 당신의 고용주이며, 당신의 부탁을 들어주고 또 당신이 부탁을 할 수 있는 사람들이다. '가족 우선주의'의 극단적인 예로 시칠리아의 마피아를 들 수 있다. 마피아 가족은 대대로 그 조직원으로 활동하게 되는데, 조직에 대한 충성심은 온전히 가족에 대한 의리에서 나온다. 마피아는 복수를 위해 다른 가족을 죽이는 피의 복수를 허용하고 있다.

일상에서도 이탈리아인들은 가족에 대해 이야기하길 좋아한다. 그들에게 가족은 나의 뿌리이자 사회의 기반을 마련해준 소중한 존재다. 가족사진을 가지고 다니면서 상대에게 보여주고 당신의 가족에 대해 이야기하면 아주 유용할 것이다. 가족사진이 없다면 당장 하나 마련하도록 하자! 이탈리아 사람들과 관계를 맺는 가장 좋은 방법 중 하나다.

이탈리아의 사업체 중 다수는 가족이 경영하는 가족기업으로, 창업자는 그 아들이나 딸에게 물려준다. 이탈리아인들은 가족을 매우 소중하게 생각하며, 어린 시절부터 알아온 누군가가 있다면 그 또한 가족의 일원으로 여긴다. 한 외국업체가 수년간 부진한 실적을 낸 이탈리아의 유통업체와 계약을 종료하자, 이탈리아 업체의 대표가 흥분해서 이렇게 항의했다고 한다. "하지만 전 4살 때부터 당신을 알아왔잖아요! 당신이 저희 아버지와 협상할 때 전 아버지 무릎 위에 앉아 있었다고요!" 이 말인즉슨, "가족에게 어떻게 이럴 수가 있나요?"였다.

감정적인 사람들

이탈리아 사람들은 '감정적'이다. 물론 이들도 기꺼이 정보를 수용하고 또 가족과 정보를 주고받지만, 최종 결정은 직감에 따라 내리며, 지역적 특성도 매우 중요하게 작용한다. 이는 이탈리아 사람들이 매사에 주관적이면서도 아주 구체적으로 접근한다는 것을 의미한다. 이탈리아 사람들은 보편적인 법칙을 따르기보다 상황별로 구체적인 사항을 살펴보고 각각의 장점을 기준으로 결정을 내린다. 법칙이 있어도 항상 예외가 생기는 이유도 바로 여기에 있다.

그렇다고 이탈리아에서는 사실이 전혀 중요하지 않다는 이야기는 아니다. 이탈리아 사람들도 항상 사실을 고려한다. 다만 다른 나라와 차이가 있다면 자신과 관련된 사람과의 관계 안에서 이러한 사실을 고려한다는 것이다. 이런 태도 때문에 정치적으로 정반대 성향을 지닌 사람들도 결속할 수 있다. 이탈리아에서는 한 가족 안에 극좌파와 극우파가 공존하고, 이에 대해 자유롭게 토론하는 광경을 흔히 볼 수 있다. 미국 작가 테리 모리슨은 국가 간 서로 다른 문화를 다룬 저서 『Kiss, Bow or Shake Hands』에서 이탈리아 사회를 사회적, 문화적으로 회복탄력성이 뛰어나고 연속성을 지닌다고 묘사했다.

교회

이제 이탈리아는 공식적인 가톨릭 국가는 아니지만 가톨릭교회는 여전히 이탈리아인의 삶에 기본적인 틀을 마련해주고 있다. 가톨릭을 신봉하든 하지 않든, 교회는 각 개인의 가치와 인생관의 중심이고 이탈리아 문화의 틀을 만들고 있다. 다수 이탈리아인에게 종교는 여전히 일상의 일부분이다.

가톨릭교회의 권위는 교황에 있다. 예수가 지상에서 자신의 뜻을 계승할 이로 성 베드로를 임명한 데서, 성 베드로는 로마의 초대 주교가 되었다. 교황이 엑스 카데드라^{Ex Cathedra}, 곧 교회의 최고 목자로서 성좌에서 하는 말은 곧 신이 내린 법이라 여겨진다.

가톨릭 신도든 아니든 이탈리아 사람들의 일상에서 가톨릭의 전통이 지닌 중요성은 아무리 강조해도 지나치지 않다. 이탈리아에서의 삶은 당신이 가톨릭의 체계 및 서열에 얼마나 동조하는지 혹은 얼마나 반대하는지에 대단한 영향을 받는다. 가톨릭교는 상명하달의 종교로 교황에서부터 추기경, 대주교, 주교, 교구사제로 이어지는 위계 구조로 이루어져 있다. 이런 위계적 접근법은 사회 곳곳에 반영되어 있는데, 강력한 가

장의 권위와 이탈리아 내 비즈니스의 구조, 사람들의 문화 예술적 소양, 신자들을 미사로 부르는 교회 종소리 등을 그 예로 들 수 있다.

관용

반면에 이탈리아인들은 가톨릭교회가 용납하지 않는 도덕적 타락을 놀라우리만큼 넓은 아량으로 받아들인다. 경범죄와 사기, 불륜은 널리 용인되고, 이를 용인하지는 못한다 해도 인간의 나약함의 발로로 보고 못 본 체 눈감아 주는 경우가 대부분이다. 우리 중에 죄짓지 않은 자가 어디 있단 말인가! 이탈리아인에게 이보다 중요한 것은 비용과 시간을 아낌없이 투자해 자신을 꾸미고 체면을 차리는 것이다. 이렇게 이탈리아 사람들은 어려운 상황에서도 놀라울 정도의 이해심과 융통성을 발휘한다. 한 번은 외국의 중개인이 계약체결 뒤 계약서에 오류가 있는 것을 발견했다고 한다. 양쪽 회사에서 고소를 당할까 걱정하던 그가 이탈리아 업체에 계약서를 새로 작성할 수 있느냐고 묻자 이런 답이 돌아왔다. "물론이죠. 새 계약서를 제게 주시면 서명 뒤 기존 계약서는 찢어버리겠습니다. 누구나 실수하지 않는 사람은 없으니까요."

중요한 것은 겉모습, 벨라 피구라

나라마다 세상을 돌아가게 하는 요소가 있다. 영국에서는 유머가, 프랑스에서는 아이디어가, 독일에서는 체면이 그런 요소라면 이탈리아에서는 바로 외모가 그런 역할을 한다. 이탈리아 사람들은 당신이 어떻게 옷을 입고 어떻게 행동하는지를 보고 당신에 대한 많은 것을 유추한다. 그러므로 상황에 맞게 적절한 옷을 차려입고 올바르게 행동하는 것이 중요하다. "로마에 가면 로마법을 따르라"는 말이 있다. 실제로 로마 사람들은 모  든 이탈리아인과 마찬가지로 아름다운 모습, 즉 벨라 피구라 bella figura를 매우 중요하게 생각한다.

고급 패션 상점들이 즐비하고 자신감 넘쳐 보이는 사람들이 거리를 활보하는 이 나라에서, 보기 좋은 외모를 유지하고 좋은 인상을 주는 것만큼 중요한 것은 없다. 이탈리아 사람들, 특히 여성들은 옷을 사는 데 돈을 아끼지 않으며, 디자이너 브랜드를 중요하게 생각한다. 이 때문에 자전거를 타는 사람들도 챔피언이라도 되는 것처럼 차려입고, 누가 옷을 더 잘 입는지 겨루는 경쟁은 어린이집에서부터 시작된다.

이탈리아 사람들은 먼발치에서 상대가 무엇을, 어떻게 입었는지만 봐도 현지인과 외국인을 구별할 수 있다고 말한다. 당신이 만약 "그건 외형이 본질에 앞서는 것일 뿐"이라고 말한다면, 이탈리아 사람들은 자신에게 외형은 본질의 일부라고 대답할 것이다. 그러므로 이탈리아를 관광으로 방문했든, 현지에서 사업을 하든 '벨라 피구라'를 갖추는 것은 매우 중요하다.

이탈리아에서는 부패나 부실경영 때문이 아니라 부실한 프레젠테이션 때문에 부각되는 문제가 더 많다. 나쁜 인상을 주

는 것을 이탈리아어로 '파레 우나 브루타 피구라fare una brutta figura'라고 한다. 이탈리아 사람들은 부와 아름다움을 동경하므로 좋은 인상을 주기 위해서는 과시와 자랑이 필수다. 부진한 성과를 겉치레로 덮는 것도 괜찮다. 이탈리아의 8할은 아름답게 포장해 보여주는

것과 관련되어 있다. 잔잔한 수면 위로 우아하게 미끄러져 나가는 백조가 물밑에서는 죽을힘을 다해 발헤엄을 치고 있는 것과 같다. 그러나 오늘날 젊은 세대는 부모 또는 조부모 세대보다 패션과 외모를 덜 중요하게 생각한다.

소란스러운 나라

이탈리아는 예로부터 지금까지 소란스러운 것으로 유명한 나라다. 이탈리아인들은 영국인이나 미국인보다 훨씬 밖으로 드러내는 삶을 산다. 광장이나 거리를 오가다 보면 타인의 사적인 대화를 쉽게 엿들을 수 있다. 그뿐인가! 사람들의 대화 소리에 끊임없는 자동차 경적소리와 빵빵거리는 모터 달린 자전거 소리까지 섞여 소란스럽기가 이를 데 없다. 사람들의 대화 소리와 자동차 소리의 시끌벅적함에 적응하기까지는 조금 시간이 걸리겠지만, 영국의 저자 토비어스 존스가 저서 『The Dark Heart of Italy』에서 표현한 대로 "조금만 시간이 지나면 다른 나라가 말할 수 없이 조용하고 심지어 따분해 보이기까지" 할 것이다.

이탈리아의 큰 특징으로 사람들이 적극적으로 의견을 교환하고, 나아가 저속한 말도 거침없이 사용하며 서로를 비난하는 등 논쟁이 활발한 것을 들 수 있다. 이탈리아에서는 판단 보류와 침묵은 설 자리를 잃고 그 자리를 활기와 감각적 표현이 대신한 것처럼 보인다. 이를 두고 영국 작가 D. H. 로렌스는 "격정의 지식"이라고 표현했다.

질서와 위계

이탈리아는 위계질서와 의례를 중요하게 생각한다. 토비어스 존스가 말한 것처럼 이는 이탈리아어에 잘 반영되어 있다. 만났을 때와 헤어질 때 모두 사용하는 인사말, '차오^{Ciao}'는 원래 노예를 뜻하는 '스키아보^{schiavo}'에서 유래된 말이다. 베네치아의 상점에서는 점원이 손님에게 '코만디^{Comandi}'라고 인사하는데, 이는 '제게 명령해주십시오'라는 뜻이다. 이탈리아에서는 무슨 일을 하든 비공식적 또는 공식적으로 허가, 즉 페르메소^{permesso}를 받아야 한다. 또한 상황은 종종 시스테마토^{sistemato}, 즉 체계화해야 한다고 말한다. '모든 것은 제자리에'라는 뜻의 '투토아 포스토^{Tutto a posto}'라는 표현은 이탈리아와 그리 어울리지 않는다고 생각하는 사람이 많을 것이다.

이탈리아 사람들이 이탈리아의 주요 산업을 운영하며, 정계와 재계에 지대한 영향력을 미치고 있는 소위 '살로토 부오노^{il salotto buono}'(이탈리아 기업인들의 비공식 모임)에 특별한 애칭을 부여하는 것에서도 그 위계질서를 엿볼 수 있다. 대중은 살로토 부오노의 모든 일원에게 별명을 지어줬는데, 자동차 회사 피아트의 소유주인 지아니 아넬리는 변호사라는 뜻의 아포가토^{l'avvocato}란 애칭으로, 언론 거물이자 신문 〈레푸블리카〉의 소유주 카를로 데 베네데티는 엔지니어라는 뜻의 인제네레^{l'Ingegnere}, 전 총리이자 이탈리아 최대의 미디어 그룹, 미디어셋의 소유주인 실비오 베를루스코니는 기사라는 뜻의 카바리에레^{il Cavaliere}와 수아 에미텐차^{Sua Emittenza}(이 별명은 추기경에 대한 존칭, Eminence와 미디어 재벌로서 방송을 내보낸다는 단어 emit를 합성한 것임)라는 별명을 가지고 있다.

이렇게 권위주의적인 이탈리아의 의사소통은 상의하달식으로 이뤄진다. 국제 로펌의 이탈리아 직원은 다음과 같이 설명한다. "회사의 시니어 파트너는 신이에요. 그 사람이 모든 결정을 다 내리죠. 저는 거기 복종할 뿐이고요." 이런 식의 위계질서는 교회와 정부, 관료에도 존재하고, 가족과 사회생활에도 영향을 미친다. 한편 예의범절과 책임감, 인간적인 약점과 실수를 인정하는 관용이 있어 이런 권위적인 체계가 유지될 수 있다.

가르보

이런 위계질서는 이탈리아어로 가르보^{garbo}라고 하는 표현법 안에서 체계화되어 있다. 가르보는 번역하면 정중함, 예의 바른, 공손한, 매너 좋은 정도가 될 것이다. 가르보는 공들여 다듬은 말을 사용해 어려운 상황을 부드럽게 넘어가는 능력을 이른다.

아랍의 인사 '살람 알레이쿰^{salaam Aleikum}'에서 유래한 이탈리아어 '살라메레코^{Salamelecco}'는 높은 사람들에게서 무언가를 얻어내기 위해 비굴한 말까지 동원해 아부하는 능력을 이른다. 이보다는 분명하고 간결한 표현을 사용하는 미국인과 영국인에게 이는 넘기 힘든 산처럼 느껴질 것이다. 반면 이탈리아 사람들은 영국인과 미국인이 구사하는 언어 표현이 거칠고 상스

러우며 지나치게 직설적이라고 생각한다. 이탈리아식으로 예의 바르고 풍부한 표현을 구사한다는 것은 곧 대화의 요점을 파악하기가 매우 어렵고 나아가 실제 문제는 숨겨져 있을 수 있음을 의미한다.

대인관계

이탈리아에서 사업을 하거나 사회생활을 할 때, 모든 것은 당신의 대인관계와 당신이 알고 있는 사람들에 의해 결정된다(이에 대해서는 이후 8장에서 더 자세하게 다룰 예정이다). 이탈리아 사람들은 서로 공동으로 알고 있는 친구, 동료, 지인의 소개를 통해 일을 해결한다. 이를 라코만다지오네raccomandazione라고 하는데, 이런 추천은 사업과 사회생활에 아주 중요하게 작용한다. 소개를 받는다고 해서 모든 일이 다 되리라는 보장은 없다. 결과는 당신의 개인적 능력에 따라 달라지겠지만, 라코만다지오네가 있어야 상대와의 첫 접촉이 성사되고 당신이 주요 고려대상으로 떠오를 수 있다.

하지만 동전의 양면처럼 호의에는 책임이 따른다. 당신의 동료가 당신을 누군가에게 소개시켜줬다면, 그 동료는 당신이 그에게 주기적으로 연락하고 좋은 일이 있을 때면 그를 끼워주고, 그에게 무슨 일이 있을 때면 당신이 적극적으로 도와주길 바랄 것이다. 이탈리아에서 우정은 노력하는 것이다. 필요할 때만 연락하거나 당신이 무언가를 도와줄 게 있을 때만 연락하는 것만으로는 충분하지 않다. 이탈리아 친구 또는 동료가 생긴다는 것은 적당한 거리를 둔 합의관계를 맺는 것이 아니라 평생 가는 가족이 생기는 것이다. 이탈리아인과 친구가 되면 그의 가족뿐 아니라 그가 속한 공동체에서도 환영받을 것이다.

지역주의와 광장 문화

이탈리아 사람들은 자신의 출신지역에 대해 애착이 강하고 자신이 속한 공동체에 헌신한다. 마을의 상징적인 중심, 이탈리아어로 '피아차piazza'라고 하는 광장은 시민들의 자랑이다. 이와 유사한 개념으로 '캄파닐리스모campanilismo'라는 단어가 있다. 이 단어는 말 그대로 종탑에 대한 애정을 의미하는데, 자신의

시칠리아 라구사의 산타 마리아 이드리아 교회의 종탑

고향에 대한 애착과 애정, 즉 향토주의를 뜻한다. 이탈리아 사람들은 자신의 출신지역을 자신과 동일시한다. 특히 남부 사람들은 외부에서 온 착취자와 고향 사람을 확실히 구분한다. 대부분의 이탈리아인은 자신이 태어난 고향 근처에 살며 일하기를 원한다. 시칠리아와 남부 출신의 수백만 명이 이탈리아 북부와 호주, 미국 등 해외로 이주했지만 먼 곳에 살면서도 이들은 자신의 뿌리와 고향의 음식, 역사, 방언을 잊지 않고 살아가고 있다.

이탈리아의 작가 카를로 레비는 이탈리아를 수천 개의 나라로 묘사하며, 많은 이탈리아인들이 자신이 태어난 고향에서 멀지 않은 곳에서 살며 일한다고 했다. 이탈리아 가정의 자녀들은 다른 나라의 동년배보다 부모와 오래 함께 살고, 친척들이 한 마을에 살거나 심지어 같은 집에 함께 사는 경우도 많다. 지역주의와 세계주의의 공존이야말로 이탈리아에서 살며 누릴 수 있는 가장 매력적인 특징이다.

그러므로 이탈리아인 동료나 친구와 대화할 때는 그의 출신지역과 향토 음식, 와인, 전통을 높게 평가하자. 지역 특산 와인이나 그라파grappa(브랜디)를 선물 받았다면 감사를 표하고, 그가 좋아하는 아름다운 곳이나 역사적인 장소에 당신을 데

려갔다면 이를 영광스럽게 여기라. 지역 공동체에 대한 책이나 기념품을 선물 받았다면 아주 소중하게 다뤄야 한다.

이탈리아 사람들의 국가에 대한 애국심은 유난스럽지 않지만, 자기 출신지역의 문화와 도시, 마을, 역사에 대해서는 열정을 보인다. 당신이 이탈리아 사람을 만난다면 그는 먼저 베네치아 사람, 피렌체 사람, 시칠리아 사람으로 자신을 소개한 뒤그 뒤에 이탈리아 사람이라고 덧붙일 것이다. 오늘날 이런 지역주의를 상징하는 단체로는 축구구단이 있다.

관료주의

이탈리아의 심각한 관료주의는 보통의 이탈리아 사람들이 나라를 불신하는 이유 중 하나다. 토비어스 존스에 따르면 이탈리아인은 행정 사무처리를 불신한다고 한다. 관료주의는 사회 전반에 엄청난 영향력을 행사하고 있다. 토비어스 존스는 최근 연구를 인용해, 보통 이탈리아 사람은 매년 2주일 동안 서류를 작성하고 관공서에서 줄을 선다고 했다. 이탈리아의 관료 절차는 시간을 많이 잡아먹고 그 비용이 비싸며, 수많은 서류를 요구하고 처리속도도 느리다. 이를 두고 느린 절차라는 뜻의 '렌토크라치아lentocrazia'라는 별칭이 있을 정도다. 이탈리아의 관료주의는 길었던 법 역사와도 일부 연관이 있으며 정부가 공무원직을 정치적으로 이용하는 것도 그 원인이 되고 있다. 공무원 자리는 종종 편안한 안락의자라는 뜻의 '폴트로나poltrona'로 불리며, 평생 편하게 일할 수 있는 직장으로 여겨진다. 오늘날에는 인맥에 의지해 공무원이 될 수 없고 개인의 능력이 뛰어나야만 공무원 자리를 꿰찰 수 있지만, 그 후보에 오르기까지는 중요한 가족에게서 추천을 받아야 할 수도 있다.

이탈리아인의 삶에 관료주의가 크게 영향을 미치고 있기 때문에, 이 문제를 해결해주는 전문 직업이 생겨났을 정도다. 이탈리아에서 관료적 절차 때문에 애를 먹고 있다면 해결사라는 뜻의 '파첸디에레faccendiere'가 당신을 도와줄 것이다. 파첸디에레는 당신에게 서류를 건네주고, 어떻게 서류를 작성해야 하는지 알려주고, 당신 대신 관공서에 가서 줄을 서서 일을 처리해준다. 당신이 어려운 일을 만났을 때 이탈리아 사람들은 대부분의 문제는 결국 다 해결되겠지만, 조금 꾀를 부리면 도움이 될 거라고 말해줄 것이다. 바로 약삭빠르게 '푸르보furbo'가 되는 것이다.

푸르보 되기

이탈리아 사람들은 정해진 규칙을 지키지 않고 규칙을 앞질러 나갈 방법을 끊임없이 생각한다. 체계를 따르는 것이 아니라 그보다 앞서 나가려면 법과 법칙을 끝까지 지키지 않으면서 그 가운데 구멍을 찾으려 노력하고, 흔히 말하는 약삭빠르고 꾀 많은 '푸르보'가 되는 수밖에 없다. 푸르보의 정반대는 법과 법칙을 준수하면서 원칙대로 행동하는 사람이다. 이런 이탈리아만의 특별한 인식은 외국인에게 절망을 넘어서 분노를 일으키기도 한다. 이탈리아 사람들에게 단순하고 순진하다는 의미의 '인제누이타ingenuità'는 속이기 쉬운 사람으로 통한다. 개인적으로 저지른 부정행위는 심각하게 부패한 정부와 법체계, 그리고 교회와 비교해 비교적 가벼운 죄로 용서받기 일쑤다.

이탈리아인에게 푸르보가 된다 함은 자신과 가족 그리고 친구들을 보호한다는 것을 의미한다. 이 개념을 이해하면 이탈리아 사람들이 왜 신호등, 횡단보도, 금연표지, 속도제한, 안전벨트 착용을 대수롭지 않게 여기면서 지키지 않는지 알 수 있다(이탈리아에서 차량 안전벨트 착용이 처음 의무화되었을 때, 나폴리에서는 안전벨트를 착용하고 있는 그림이 인쇄된 티셔츠가 불티나게 팔렸다). 이탈리아에서 철저히 지켜지는 법이라고는 옷 입는 법과 식사법밖에는 없는 것 같다.

충성의 중요성

다른 나라 사람들과 분명히 구분되는 이탈리아 사람들만의 고유한 특징이 있다면 그 어떤 법이나 규칙보다도 우정과 개인적 의리를 중시한다는 것과, 국가보다 자신의 출신지역에 더욱 애착을 갖는다는 것을 들 수 있을 것이다.

이제까지 살펴본 것처럼 이탈리아인은 외국인에게는 그저 단순한 이탈리아인일지 몰라도, 다른 이탈리아인에게는 피렌체, 베네치아, 밀라노, 로마, 나폴리, 시칠리아 사람이다. 이들은 출신지역의 풍습과 제도, 전통을 고수함으로써 놀라울 정도로 풍성하고 다양한 이탈리아의 색깔을 만들어냈고, 덕분에 외국인들은 서로 다른 개성의 베네치아와 로마를 즐기고 르네상스 시대의 피렌체학파와 베네치아학파의 찬란한 예술을 즐길 수 있게 되었다. 물론 이탈리아 사람들도 출신지역의 음식과 와인, 미술, 건축, 음악, 연극 등 문화를 매우 소중하게 생각한다.

이탈리아는 그 어떤 나라보다 극과 극이 공존하는 나라다. 그렇지만 많은 이탈리아 사람들이 변화의 필요성을 절감하고 있다. 이들은 내부지향적이고 관계를 기반으로 하며 후원제와 특권이 큰 영향력을 발휘하는 현재의 이탈리아를 바꿔 더욱 공정하게 구직할 수 있는 평등한 사회를 만들고자 한다. 그리고 그것을 가능하게 할 노동법과 세금제도의 개혁을 원하고 있다. 그러나 이탈리아인들이 반드시 사수하고자 하는 게 있다. 바로 '아름다운 나라il bel paese'에서 그들이 현재 누리고 있는 삶의 질과 관대함 그리고 개방적인 지역 공동체다.

03

풍습과 전통

이탈리아의 지역 축제는 일일이 다 열거하기 힘들 정도로 많다. 가장 유명한 것이 바로 베네치아의 카니발이다. 운하 위의 곤돌라 행렬과 가면무도회로 유명한 이 축제는 음탕하게 놀아볼 수 있는 초대장으로 여겨져 인파가 넘친다. 이탈리아의 축제 중에는 중세식 장터를 열거나, 말을 타고 당시 복장을 갖춰 입는 등 중세시대를 테마로 한 것들이 많다.

이탈리아는 가톨릭 인구가 대다수를 차지하는 나라다. 최근 몇 년간 교회의 예배 참석인구가 급격하게 줄기는 했지만, 조사에 따르면 전체 인구의 80%는 여전히 신앙을 가지고 있고, 가톨릭 월간지인 〈파밀리아 크리스티아나〉도 여전히 인기다. 가족을 중시하는 가톨릭의 가치관도 여전히 나라 전체에 지대한 영향을 미치고 있다.

많은 사람들이 교권의 공사 개입에 반대하고 있지만 지역 주교와 바티칸은 계속해서 사회 전반에 엄청난 영향력을 행사하고 있고, 사람들은 이런 '교회'의 영향력을 잘 인지하고 있다. 이에 대해 개신교 쪽은 이해하기 어렵다는 반응을 보인다.

최근 성직자의 미성년자 추행 사건은 다른 어느 곳보다 이탈리아에서 주목도가 낮았다. 국제적으로 교황이 취한 조치 외에도, 이탈리아 언론에서 이 문제를 제대로 다루지 않았던 점은 전 세계적으로 비판의 대상이 되었다. 이런 태도는 아마도 교회의 심기를 불편하게 만들까봐 우려하는 것과 '브루타 피구라brutta figura'(안 좋은 이미지)를 피하고자 하는 마음 때문일 것이다.

이탈리아에는 다른 가톨릭 국가에서 흔히 볼 수 있는 철저한 금욕주의가 없다. '사람은 모두 죄인'이라고 선뜻 시인하는 이탈리아인들은 사소한 잘못쯤은 아무렇지도 않게 생각하고 또 저지르며 산다. 이들은 매년 GDP의 약 25%에 해당되는 것으로 추정되는 거액의 세금을 탈루하고, 정부 규제에 굴하지 않고 불법 건축물을 지어 올리며, 결혼 후 불륜을 저지른다. 이런 실수는 이탈리아인의 삶의 일부다.

이탈리아는 가톨릭교를 믿으며 다른 라틴국가보다는 그 수

이탈리아의 주요 공휴일	
날짜	공휴일
1월 1일	새해
1월 6일	주현절
3/4월	부활절, 부활 주일 다음 월요일
4월 25일	해방기념일
5월 1일	노동절
6월 2일	공화국의 날
8월 15일	성모승천일
11월 1일	만성절
12월 8일	성모수태일
12월 25일	크리스마스
12월 26일	성 스테파노 축일

가 적지만 종교 기념일을 공휴일로 지정해 지내고 있다. 지역 전통이 여전히 강력한 영향력을 발휘하는 만큼 지역별 휴일도 있다. 마을마다 수호성인이 있고, 그 성인의 날에는 축제가 열리거나 하루를 쉬니, 방문 전 시청이나 지역 관광정보센터에 확인하도록 하자. 휴일이 주중 하루일 때는 평일 1~2일의 추가 휴가를 내어 주말까지 죽 쉬는 '징검다리 연휴'를 즐긴다.

연중 축제

【 크리스마스 】

예수의 탄생을 기념하는 크리스마스는 기독교력에서 기념하는 2가지 주요 기념일 중 하나로, 이탈리아 사람들은 가족과 함께 이날을 기념한다. 마을마다 주요 광장에 소나무를 세우고 빨간 리본과 다양한 장식품을 달아 크리스마스트리를 만들고, 로마의 거리에는 아브루치산의 목자들이 백파이프를 불며 거리의 행인들에게 음악을 들려준다. 나폴리의 구시가지 중심은 크리스마스 말구유 장식을 꾸밀 전통 장식품을 사는 사람들로 붐빈다. 크리스마스는 평소 관광객들로 붐비는 로마나 피렌체, 베네치아 같은 관광지를 방문하기에는 최적의 시기다. 보통 이탈리아 사람들은 크리스마스가 돌아오면 가족들과 대도시를 떠나 조용한 곳에서 함께 시간을 보내기 때문이다. 하지만 대도시 밖에서도 레스토랑에서 다 함께 식사를 즐기는 전통은 지키고 있어, 이 시기에 레스토랑에 방문다면 이탈리아 현지인들의 크리스마스 가족만찬 분위기를 직접 체험해볼 수 있을 것이다. 주의할 점이 있다면 예약하지 않으면 자리가 없을 가능성이 높으므로 반드시 사전예약을 해야 한다는 것이다.

크리스마스를 로마에서 보내게 되었다면, 바티칸에서 열리는 크리스마스 미사를 꼭 한번 보라! 교황은 주교들의 보조를 받아 미사를 주재한 뒤, 성 베드로 대성당 광장에서 신도들에게 설교를 하는데, 양측으로 이탈리아 경찰관들과 바티칸의 스위스 근위대가 호위하는 장면이 장관을 이룬다.

【 새해 및 주현절 】

크리스마스를 가족과 함께 보낸다면, 신년 전야에는 친구들과 함께 파티를 연다. 이탈리아인들에게(스페인과 마찬가지로) 또 하나의 중요한 축제는 세 명의 동방박사가 베들레헴의 말구유

위에 누워 있던 아기 예수를 찾아가 경배드렸던 제12야, 즉 주현절이다.

신년 전야에는 더 이상 필요 없는 물건을 버리는 풍습이 내려오기 때문에, 이 시기에는 살짝 헤진 가죽소파나 오래된 구찌 핸드백 등 질 좋은 물건들을 구할 수 있다.

산타클로스(이탈리아어로 바포 나탈레)와 마찬가지로 이탈리아에는 베파나라는 못 생겼지만 현명한 할머니가 있다. 베파나는 주현절에 착한 어린이에게는 양말 가득 사탕을 채워 주지만, '나쁜' 어린이에게는 석탄처럼 생긴 검은색 사탕을 넣어 준다.

【 부활절 】

기독교력에서 두 번째로 큰 기념일은 예수의 죽음과 부활을 기리는 부활절이다. 일반 사람들은 크리스마스를 더 많이 기념하지만, 종교적 관점에서 보면 부활절이 더 중요하다고 할 수 있다.

부활절(일요일)과 그다음 월요일만이 공식 공휴일로 지정되어 있으나, 많은 이탈리아인들이 성주간 Settimana Santa(부활절 일요일 전의 일주일)의 일주일을 통째로 쉰다. 이탈리아 전역에서 군중들이 행렬을 이루고, 예수 수난극을 공연한다. 가장 오랜 역

성주간에 가장 행렬과 동상을 통해 재현되는 예수의 수난

사를 지닌 것으로 아브루초주의 키에티에서 공연되는 수난극을 들 수 있다. 부활절 전주의 목요일을 이르는 성목요일이면 풀리아주의 타란토에서는 슬픔의 성모 행렬이 열리고, 성금요일에는 그리스도의 수난을 상징하는 조각상들이 마을 곳곳을 누비고 다닌다. 시칠리아의 팔레르모 근교에 위치한 피아나 델리 알바네시는 부활절을 비잔틴 의식에 따라 기념하며, 여자들이 15세기 전통의상을 입고 부활절 달걀을 나눠준다.

성금요일이면 '십자가의 길^{Via Crucis}'이라는 이름의 의식이 치러진다. 이날 교회는 봉헌된 조각상과 그림을 모두 검은색 천으로 뒤덮어 부활절 축제의 시작을 알린다. 가톨릭 신자 중 많은 사람들은 사순절을 지키며 사탕이나 담배, 금요일에 즐겨 먹던 고기 등을 한동안 먹지 않고 절제한다. 부활절의 토요일은 '평범한 날'로 특별한 행사 없이 보낸다. 진짜 축제는 부활절 일요일에 시작된다. 교회는 조각상들을 덮고 있던 천을 벗겨내고 온 회당을 꽃으로 채우며 종을 울린다. 이탈리아 사람들은 부활절 일요일에 성대한 가족만찬을 열고, 그다음 날인 월요일은 충분한 휴식을 취한다.

【 해방기념일 】

해방기념일(4월 25일)은 1945년 이탈리아가 독일로부터 해방된 날을 기념하는 날이다. 이탈리아 사람들은 가두행진을 벌이고 전쟁 기념비에 헌화하는 것으로 이날을 기념한다.

【 노동절 】

노동자들을 기리는 국제적인 기념일(5월 1일)이다. 일부 지역에서는 노조와 정당이 조직한 가두행진이 벌어진다.

【 공화국의 날 】

공화국의 날(6월 2일)은 1946년 이탈리아가 공화국을 선포한 것을 기념하는 날이다. 의회와 상원에서 진행되는 총리와 국가수반의 연설이 종일 TV로 중계된다. 보통 저녁때 RAI에서 공화국의 역사를 다룬 영화와 다큐멘터리를 방영한다.

【 만성절 】

만성절(11월 1일)은 가톨릭 성인과 순교자들을 기리는 날이다. 그다음 날인 11월 2일은 죽은 자를 기리는 위령의 날로, 이탈리아 사람들은 가족묘에 가서 헌화한다.

【 성모수태일 】

성모수태를 기념하는 이날(11월 8일)은 성모승천일과 마찬가지로 가톨릭교회가 성모 마리아를 얼마나 숭배하는지를 보여준다. 순결했던 성모가 성령으로 잉태해 하나님의 아들을 낳은 것을 축하하는 이날, 교회는 예배를 드린다.

여름휴가

이탈리아 사람들은 매해 8월에 한 달간의 긴 휴가를 즐긴다. 이 때문에 8월에는 대부분의 가족기업이 내내 휴업한다. 관광객을 상대하는 상점들은 간혹 열기도 하는데, 이런 경우에는 크리스마스나 신년에 휴가를 간다고 한다. 그러니 당신이 여름휴가철인 8월에 이탈리아의 주요 도시를 방문했다면, 가이드북에서 추천해준 곳들이 문을 닫았다고 해도 너무 놀라지는 마라. 공식적인 휴가철은 8월이지만, 이미 7월이 되면 상점들이 하나 둘 문을 닫기 시작하고 9월이 되면 다시 천천히 문을 열어 복귀한다.

이탈리아 사람들이 특히 휴가를 많이 가는 기간은 8월 15일(성모승천일) 주간이다. 많은 상점과 레스토랑이 성모승천일부터 9월 초까지 문을 닫아 도시가 이상할 정도로 휑하게 느껴진다.

칼라브리아의 구릉 도시 치비타에서 즐기는 포크송과 댄스

지역 휴일

출신지역에 대한 강한 애착을 이르는 캄파닐리스모^{campanilismo} 때문에 지역의 수호성인을 기념하는 날이 비공식적인 지역 휴일이 되기도 한다. 이탈리아 북부도시 파르마의 수호성인은 성 힐라리오인데, 이 마을은 1월 13일을 그를 기리는 축일로 삼고 지키며, 그날은 마을의 그 누구도 일하지 않는다.

이탈리아의 수도 로마는 4월 21일(로물루스가 로마를 세운 것을 기념하는 날)과 6월 29일(로마의 수호성인인 성 베드로, 성 바울을 기리는 날)을 추가적인 지역 휴일로 지키고 있다.

이탈리아의 지역 축제는 이 책에서 일일이 다 열거하기 힘들 정도로 많다. 여기서는 세계적으로 가장 널리 알려져 있는 2가지 축제만 소개하고자 한다. 바로 베네치아의 카니발과 시에나의 팔리오다.

카니발

사순절의 첫날인 재의 수요일이 오기 열흘 전이면 많은 마을에서 카니발이 열린다. 부활절까지 약 6주간 금식하고 금욕해야 하는 사순절이 시작되기 전에 마음껏 놀아보자는 취지로 축제를 여는 것이다. 가장 유명한 것이 바로 베네치아의 카니발이다. 운하 위의 곤돌라 행렬과 가면무도회로 유명한 이 축제는 음탕하게 놀아볼 수 있는 초대장으로 여겨져 많은 인파가 넘친다. 이탈리아의 축제 중에는 중세식 장터를 열거나, 말을 타고 당시 복장을 갖춰 입는 등 중세시대 테마로 한 것들이 많다.

베네치아 카니발에서 마스크를 쓰고 즐기는 사람들

　　재의 수요일 전날인 기름진 화요일^{Martedì Grasso}이 되면 베네치아 사람들과 방문객들은 모자 달린 망토인 바우타^{bautta}나 타바로^{tabarro}라는 우아한 망토를 걸치고, 삼각모자를 쓰고 화려한 장식의 가면을 써서 자신이 누군지 드러내지 않고 돌아다닌다. 모든 사람이 다 이렇게 차려입는 것은 아니지만, 베네치아에는 이런 복장을 파는 상점이 즐비하므로 한번 시도해보자. 차려입고 즐기면 축제가 훨씬 더 재미있어질 것이다.

팔리오

이탈리아에서 가장 유명한 중세 축제로 시에나의 팔리오^{Palio}(깃발이라는 뜻)를 빼놓을 수 없다. 이 축제의 하이라이트로는 시에나 중심의 캄포 광장에서 시에나 각 구역의 기수들이 자기 구역을 상징하는 기수복을 입고 안장 없는 말에 올라타 전력 질주하는 경주를 들 수 있다. 경주 전에 각 구역을 대표하는 화려한 중세복장의 행렬이 있어 더욱 유명하다. 팔리오는 매년 7월 2일과 8월 16일에 두 차례 열리며, 5일간의 리허설과 수개월에 걸친 준비기간을 갖는다.

중세시대 시에나는 17개의 콘트라다^{contrada} 혹은 지역으로 이루어져 있었는데, 각 콘트라다는 피렌체로부터 시에나를 지키기 위해 민병대를 조직했다. 시간이 지나자 민병대의 군사적 성격은 약해졌지만 사회적 영향력은 커져갔다. 콘트라다는 세례와 결혼, 죽음을 관리했는데, 시에나 남녀는 자신이 속한 콘트라다 밖에서 배우자를 만나길 꺼렸다. 팔리오는 원래 성모마리아에게 감사를 드리기 위해 열린 축제였지만, 실제로는 각자의 색깔과 깃발을 가지고 콘트라다가 우열을 가린 경기였다. 경주는 약 90초 만에 끝나버리지만, 경주 시작 전 화려한 행

사와 퍼레이드가 3시간 동안 열려 볼거리를 제공한다. 승리한 콘트라다는 상으로 우승 깃발(팔리오)을 수여받고, 경주가 끝나면 각 팀은 자기 콘트라다로 돌아가 골목에 펴놓은 긴 테이블에 앉아 축제 기념 만찬을 즐긴다.

영명 축일

이탈리아 사람들은 자기 세례명과 같은 성인의 축일을 축하하는 날, 즉 영명 축일onomastico을 지킨다. 예를 들면 안토니오라는 이름의 이탈리아인은 파두아의 성 안토니오 축일을, 프란체스카는 아시시의 성 프란체스코 축일을 기념하는 것이다. 그날이 되면 직장에 하루 연차를 내고 친구들, 가족과 함께 축하 만찬을 즐기는 이들도 있다.

이렇게 휴일이 많다고 해서 이탈리아 사람들이 근면성실을 중요하게 생각하지 않는다거나, 열심히 일하지 않는다는 뜻은 아니다. 하지만 실제로 이탈리아에서는 구체적인 목표를 달성하기 위해 열심히 일한다거나, 요구되는 기준에 맞춰 납기 안에 일을 해내는 게 어려운 게 사실이다.

말하자면, 이탈리아는 일 중독자들이 인정받지 못하는 나라다!

성인

가톨릭교회는 성스러운 삶을 살았거나, 고난 가운데 죽음을 맞이하며 순교한 사람을 성인으로 인정하고 있다. 성인으로 인정받기 위해서는 후보자의 삶과 그 배경에 대한 엄격하고 철저한 조사를 거쳐야 하며, 보고된 기적의 은혜가 있을 경우 그

진위를 과학적으로 증명해야 한다. 그 사실이 인정되면 먼저 시복식을 거쳐 복자가 되고, 그 후 교황이 주재하는 시성식을 거행해 성인으로 공표한다.

【파드레 피오】

최근 이탈리아에서 성인이 된 중요한 사람으로 풀리아주 남부 가르가노산의 산 지오반니 로톤도 구역의 교구사제였던 파드레 피오(1887~1968)를 꼽을 수 있다. 파드레 피오 덕분에 이 지역은 매년 600만 명의 관광객이 방문하는 이탈리아 최고의 관

시칠리아 타오르미나의 파드레 피오 동상

광지가 되었다(이는 성모 발현지로 유명한 프랑스의 루르드보다도 많은 숫자다). 그는 1918년, 예수가 십자가에 못 박혔을 때 입은 상처인 성흔이 손과 발에 나타난 것으로 유명해졌다. 그의 살아생전 그리고 사후에도 설명할 수 없는 일들이 많이 일어났다. 파드레 피오는 1999년 시복되었고, 2002년에는 교황 요한 바오로 2세에 의해 시성되었다.

성당에서의 행동수칙

많은 축제들이 성당에서 행사를 연다. 성당은 종교적 장소이기도 하지만 놀라운 미술품과 건축, 조각상 등이 있는 곳이기 때문에 성당 안에서 올바르게 행동하는 법을 아는 것이 중요하다. 먼저 복장에 대해 알아보자. 많은 성당이 여성의 짧은 반바지나 깊게 파인 상의를 불경하다고 여긴다. 여성의 경우 예전에는 성당 안에서 머리를 가려야 했지만 요즘은 그렇지 않다. 하지만 남성의 경우 성당 안에서 모자를 쓸 수 없다. 그러니 짧은 반바지나 어깨끈 없이 깊게 파인 톱을 입고 야구 모자를 쓴 채 성당 안팎을 돌아다니는 일은 없도록 하자. 성당 안으로 들어가면 경의의 표시로 숄로 머리를 가린 채 기도하는 나이든 여성을 볼 수 있을 것이다. 그러니 방문자도 최소한의 예의는 지키는 것이 좋다.

성당에서는 하나님이 높은 제대 또는 예배당의 한편에 항상 계신다고 여기며, 그 위치에 자그마한 빨간 오일램프를 켜서 표시한다. 성당 안에 들어가면 많은 신자들이 제대로 이어지는 신도석 입구에서 혹은 제대 앞에서 무릎을 꿇고 있는 광경을 목격할 수 있을 것이다. 성당마다 문 옆의 벽에는 성수를 담은 성수반을 두고 있고, 신도들은 성당에 들어서면 이 성수반 앞에 서서 손가락으로 성수를 찍어 성호를 긋는다.

성당은 예배 공간이라는 것을 기억하자(인기 관광지 성당의 경우 일부 구역에 밧줄을 쳐놓아 기도하는 공간을 마련해놓기도 한다). 그러니 성당 안에서는 조용히, 목소리를 낮추고 존중하는 태도를 보이도록 하자.

미신

헌신이 있는 곳에 미신도 있다. 이탈리아의 영화감독 페데리코 펠리니는 "이탈리아는 자연의 힘과 초능력을 숭배하는 고대 컬트가 가득하다. 이 땅에 사는 사람들은 모두 그것을 느끼면서 산다. 신을 찾는 이는 그 위치에 상관없이 신을 찾으니 말이다"고 말했다. 많은 이탈리아인은 다른 국가의 국민처럼 미신을 믿는다. 전국에 방영되는 TV 프로그램에 점쟁이가 나오고, 어딜 가든 점성술사와 예언자가 있다. 지역마다 숭배하는 미신이 다른 경우도 있다. 이는 지역 소작농에게 전해 내려오는 신화와 믿음이 저마다 다르기 때문이다(남부지역의 미신이 특히 강하다). 지역별 미신이 공통적으로 보이는 특징을 꼽자면 행운과 불운, 영의 존재를 믿는다는 것이다.

이탈리아의 미신에서 악마의 눈을 뜻하는 말로키오^{malocchio}를 빼놓을 수 없다. 이탈리아 사람들은 새끼손가락과 집게손가락을 편 채 나머지 손가락은 모두 접은 손 모양을 하면 누군가가 내게 보낸 악령을 쫓을 수 있다고 믿는다. 또한 뿔 모양의 목걸이나 팔찌를 하면 악마의 눈을 쫓을 수 있다고 믿어, 뿔 모양 장신구인 코르노^{corno}를 착용하기도 한다.

이탈리아 사람들은 칭찬도 악령을 불러올 수 있다고 생각한다. 누군가 당신의 어린 아들이나 딸을 칭찬하면, 그 칭찬이 악령을 불러올 수 있다는 식이다. 그래서 부모들은 칭찬을 들

• 행운과 액운에 대한 미신 •

이탈리아같이 독실한 종교국가에서 수녀를 보는 것을 운수 없는 징조로 여긴다는 것은 매우 뜻밖이다. 또한 이탈리아 사람들은 액운을 쫓기 위해 철을 만지고, 행운을 빌기 위해서는 나무를 만진다.

- 고양이가 재채기하는 소리를 들으면 행운이 찾아오고 집에 새가 들어오면 불운이 찾아온다고 한다.
- 공작새 깃털은 집에 있으면 안 되는 물건으로 여겨진다. 깃털의 크고 둥근 눈이 '악마의 눈'으로 보이기 때문이다.
- 이탈리아에서 국화는 무덤에 가져가는 꽃으로, 장례식 장식으로 쓰이므로 초대를 받았다고 국화를 사가는 일은 절대 없도록 하자!
- 이탈리아에서 불행을 나타내는 숫자는 17이다. '나는 살았노라' 또는 '이제 나는 죽었노라'라고 해석되는 라틴어 글자 VIXI 속 숫자를 모두 합치면 17이 되기 때문이다. 대부분의 서양문화권에서 불길한 숫자로 여기는 13은 이탈리아에서는 행운의 숫자다. 하지만 식탁에 둘러앉은 사람이 13명인 것은 불길하게 생각한다. 다른 여러 나라와 마찬가지로 4는 죽음과 연관 있는 것으로 여겨진다.
- 9월 29일, 감자로 만든 둥근 파스타인 뇨키를 먹으면 행운이 온다고 한다.

- 검은 고양이가 길을 건너가면 불운을, 집 안의 거미는 행운을 상징한다(돈을 불러온다고 여겨짐).
- (자의로든 우연으로든) 유리나 거울을 깨는 것은 불운을 상징한다.

은 어린 자녀 위에 뿔 모양을 그려 악령을 내쫓는다. 누군가 당신에게 악마의 눈을 보냈는지 확인하는 방법 중 하나는 성수에 기름을 뿌려보는 것이다. 만약 기름이 성수 안에 퍼져나가면 괜찮지만, 성수 안에서 기름이 응고하면 악마의 눈이 붙은 것이다!

죽음과 장례에 관한 미신도 있다. 관을 묘지로 가져갈 때는 망자의 혼이 다시 집으로 돌아오는 것을 방지하기 위해 가는 길과 오는 길을 달리해 한 바퀴를 돈다. 관 속 망자의 머리 아래 소금을 넣는 것도 같은 이유에서다. 또 고인이 생전 좋아하던 소지품을 관 속에 같이 넣는 경우도 많다. 또 사후에 가족들이 하늘나라에서 다시 만난다고 믿기 때문에 무언가를 빠뜨린 경우에는 다음에 세상을 떠나는 가족의 관 안에 그 물건을 넣는다.

문화 축제

이탈리아는 자국에 내려오는 역사적, 종교적 축제뿐 아니라 유럽에 전해 내려오는 중요한 음악, 연극, 영화 축제도 함께 즐긴다. 이에 대해서는 6장에서 다시 살펴보도록 하겠다.

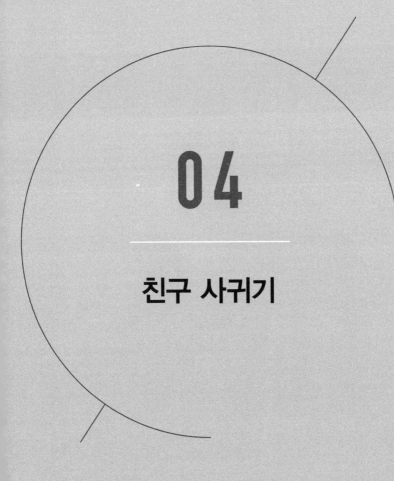

04

친구 사귀기

외국 것을 좋아하는 이탈리아지만 외국인으로서 이탈리아인과 가까운 친구가 되는 것은 생각보다 어려울 수 있다. 기본적으로 이탈리아 사람들은 가족과 지역의 테두리 안에서 맺은 끈끈하고 광대한 관계를 맺고 있다. 가까운 이와의 우정은 어렸을 때 형성되어 평생 유지된다. 어렸을 때 형성된 인간관계 안에서 거의 모든 것이 충족되므로, 그 이상의 관계를 형성해야겠다는 필요를 느끼지 못하는 경우가 많고 자신만의 네트워크를 갖지 못한 사람을 이해하지 못한다.

이탈리아인에게 외국인은 낯선 존재가 아니다. 예로부터 그랬다. 순례자, 시인, 상인, 예술가, 관광객이 저마다 다른 이유로 이 나라를 찾았고, 때로는 외적이 쳐들어오기도 했다. 18세기와 19세기 초반, 오늘날에도 관광객이 몰리는 유럽의 유명한 명소를 돌아보는 '그랜드 투어'는 영국 귀족교육의 필수 코스였다. 귀족들이 그랜드 투어를 통해 방문한 대표적 도시 베네치아는 오늘날에도 대표적인 이탈리아의 관광지다. 이 도시에 거주하는 시민은 27만 명에 불과하지만, 매년 980만 명의 관광객이 찾을 정도다!

에스테로필리아

이탈리아 사람들은 대체로 외국 것을 좋아하는데, 이를 두고 이탈리아어로 '에스테로필리아esterofilia'라고 한다. 에스테로필리아는 외국 것이라면 무엇이든 좋아하는 것을 이른다. 이탈리아는 유독 외국어를 널리 쓰는데, 특히 방송이나 스포츠 중계에서 영어를 많이 사용한다. 이탈리아어가 부족한 언어라 그런 것이 아니라 외국의 유행어를 차용해 그것을 이탈리아화하는 데서 즐거움을 느끼는 것이다. 축구감독은 '미스터'라 불리고, 드리블링은 '드리블란도dribblando'라고 이탈리아화해서 부른다. 중계방송에서 '오프사이드'는 원래 이탈리아어인 것처럼 자연스럽게 쓰인다.

긴밀한 인간관계 네트워크

외국 것을 좋아하는 이탈리아지만 외국인으로서 이탈리아인과 가까운 친구가 되는 것은 생각보다 어려울 수 있다. 기본적으로 이탈리아 사람들은 가족과 지역의 테두리 안에서 맺은 끈끈하고 광대한 관계를 맺고 있다. 가까운 이와의 우정은 어렸을 때 형성되어 평생 유지된다. 어렸을 때 형성된 인간관계 안에서 거의 모든 것이 충족되므로, 그 이상의 관계를 형성해야겠다는 필요를 느끼지 못하는 경우가 많고 자신만의 네트워크를 갖지 못한 사람을 이해하지 못한다.

　국제적인 대도시 밖에 위치한 작은 소도시에서는 지역 공동체 안으로 파고들기가 더 힘들다. 이탈리아 여인 로사와 결혼해 베로나 근교의 작은 마을로 이주한 영국 작가 팀 파크스는 자신의 저서 『Italian Neighbours』에서 지역 공동체에 들어가는 과정을 느리고 점진적인 과정이라고 묘사했다.

로마 나보나 광장에서 이야기를 나누는 오랜 친구들

팀은 이웃을 알기 전에 마을의 바^{bar}인 파스티체리아에 먼저 방문했다. 팀에 따르면 이 '바'야말로 이탈리아식 삶을 원하는 사람이라면 반드시 체득해야 할 필수 문화다. 그에 따르면 중요한 것은 '타이밍'이다. 모든 것에는 그것을 즐기는 시간이 따로 있고, 당신이 그 시간을 얼마나 잘 알고 있는지를 통해 이탈리아에 얼마나 잘 동화되었는지 파악할 수 있다고 한다. 카푸치노는 아침 10시 30분 이전에 주문해야 한다는 것을 알고, 식후술 디제스티보^{digestivo}(식사 후 리큐어 또는 그라빠 와인)를 각각 언제 주문해야 할지 알아야 진정한 의미에서 이탈리아식 삶을 살고 있다고 할 수 있다는 것이다. 바에 들어가서 커피를 마시며, 법에 따라 의무적으로 비치해야 하는 지역신문을 집어 들어 요즘 무슨 일이 일어나고 있는지 느긋하게 살펴보자.

천천히 당신이 적응해 나가면 이웃들도 당신을 알아보기 시작할 것이고, 누군가가 당신에게 고개를 끄덕이며 인사를 시작할 것이다. 당신이 영어 원어민이라는 것을 알게 된다면 짧은 번역을 부탁해올지도 모른다. 조금 더 시간이 흐르면 이웃과 알고 지내게 될 것이다. 교제를 시작하는 처음에는 예의 바르고 친절하지만 격식 있고 정중한 대우를 받을 것이다. 이탈리아인들은 친절함의 중요성을 알고 있지만, 처음에는 어느 정도의 격식을 차리길 선호한다.

거주하는 아파트나 건물에서 사람들에게 도움이 되는 일을 하는 것도 이웃과 좋은 관계를 형성하고 유지하는 데 도움이 될 것이다. 하지만 이탈리아 사람들도 영국 사람만큼이나 사생활을 중시한다는 것을 기억하라. 팀 파크스는 "영국 사람의 집이 그만의 성이라면, 이탈리아 사람의 집은 벙커다"라고 했다.

이탈리아 사람과 이야기할 때 흔한 대화 주제는 건강과 의사다. 잘 알지 못하는 사이라도 고혈압, 의사 방문, 각종 검사 등에 대해서 흔히 이야기를 나누는 모습을 볼 수 있다. 이탈리아 사람들은 이탈리아 것이라면 무엇이든 당연히 우월하다는 생각을 가지고 있지만 예의 바르게도 외국에서 사는 것에 대해 약간의 흥미를 보인다.

처음 만났을 때 외부인에 대해 신중한 태도를 취하는 것은 '마을 밖'에서 온 낯선 이탈리아 사람에게도 동일하게 적용된다. 팀 파크스의 부인인 이탈리아 여인 로자 파크스도 "안녕하세요, 어르신" 또는 "안녕하세요, 부인"하고 이웃에게 꾸준히 인사를 건넸지만 계속해서 묵살당해 당황했다고 한다. 이웃이 더 이상 침묵하지 않고 고객을 끄덕이며 아는 체를 한 것은 한참이 지나서였다.

팀은 사람들이 달라지기 시작한 것은 아내가 임신하면서부터였다고 말한다. 갑자기 사람들은 그들을 야반도주를 해도 이상할 것 없는 낯선 커플이 아닌, 사회에 한몫하는 사람들로 보기 시작했다. 이탈리아에서 가족은 당신을 '진지한 사람'으로 만들어준다. 가족이 있다 함은 책임질 무언가가 있다는 뜻이다. 이 때문에 이탈리아에서 사업을 하는 외국인에게 이탈리아 동료들은 가족에 대한 질문을 한다. 가족은 당신에게 잃어버릴 무언가가 있고, 당신을 지원해주는 네트워크가 있으며, 당신에게 책임감이 있다는 것을 의미하기 때문이다.

관계의 꾸준한 관리

강한 신뢰를 바탕으로 하는 친밀하고 오래가는 인간관계 네트워크로 유명한 나라답게, 이탈리아 사람들은 친구들과 항상 연락을 유지한다. 이는 이탈리아 사람에게 엄청난 안정감을 선사하는데, 자신만의 공간과 시간에 익숙한 외국인에게는 좀 지나치다 싶을 정도다. 당신이 사귄 새로운 이탈리아 친구들은 이런저런 행사에 당신을 초대할 것이고, 당신은 매주 주말에 느긋하게 늘어져 있는 대신, 초대받은 자리에 다니느라 바쁠 것이다. 당신이 결혼식이나 생일잔치, 장례식에 초대받았다면, 초대한 사람은 당신이 와줄 것이라고 기대하고 있다는 것을 기억하라. 불참 시 양해받을 수 있는 유일한 이유는 그 당일에 당신이 출국해 이탈리아에 없는 것이다. 새로운 친구를 사귀고 몇 달이 지난 다음 연락해도 아무렇지도 않은 영국인이나 미국인과는 달리, 이탈리아 사람들은 한 번 관계가 형성되면 계속해서 연락을 유지하길 기대한다. 정치철학자 안토니오 그람시는 다음과 같이 썼다. "이탈리아 사람들은 정당이나 노조에 가입하기보다 소그룹, 범죄조직, 비밀결사, 마피아 등 다른 유형의 조직에 가입하길 좋아한다." 친구들로 이뤄진 소규모 그룹은 보통은 서로에게 힘이 되지만 때로는 조금 숨이 막히게 느껴질 수도 있다.

이탈리아 사람에게 관계란 책임을 의미한다. 그들에게 우정이란 기분 좋을 때만 잠시 취하는 것이 아니라 맺거나 맺지 않거나, 둘 중에 선택하는 것이다.

오늘날 이탈리아의 노년 세대는 스포츠, 영화, 기타 엔터테인먼트 등 공통 관심사를 통해 서로를 사귄다. 젊은 세대는 정치와 사회 현안에 관심이 더 많고 정당이나 정치 단체에서 적극적으로 활동하는 편이다.

성별 관계

이탈리아에서 일하고 있는 스코틀랜드 출신의 미혼녀, 준 콜린스는 이탈리아인과의 관계에서 성별에 따른 특이한 점을 발견했다. 이탈리아 저널리스트인 루이지 바르치니는 저서 『The Italians』에서 이탈리아는 그래 보이지는 않지만 모계사회라고 썼다. 이탈리아를 다스리는 것은 남자지만, 그런 남자들을 다

스리는 것은 바로 여자라는 것이다. 여자들은 아름답게 차려입고 남자들을 유혹함으로써 그들을 다스린다.

겉으로는 여자들이 남자들에게 복종하는 것처럼 보인다. 다른 사람들의 눈이 있는 자리에서는 더욱 그렇

다. 스코틀랜드 출신의 젊은 준은 자신의 고향인 에든버러에서처럼 동성(여자) 친구들을 많이 만들고 싶었다. 하지만 자신의 이런 노력에 다른 여자 교사들이 자신을 경계하는 것을 알고 속상해했다. 준은 남자들이 경영하는 회사에서도 자기 입장을 주장하는 데 익숙했고 이탈리아에서도 그렇게 하고 싶었지만, 다른 이탈리아 여성들이 남성들과 함께 있을 때 순종적인 태도를 보이는 것에 놀랐다. 성별 역할이 변화하고 있기 때문에 오늘날 이런 일이 일어날 가능성은 적어졌지만, 여전히 직장에서 눈에 띄는 차이가 존재하기도 한다.

권력

루이자 바르치니에 따르면 이탈리아 사회구조의 비밀은 누가 권력을 쥐고 있느냐에 달려 있다. 그리고 그 권력의 궁극적인 원천은 가족이다. 바르치니는 "가족에 대한 충성심이야말로 이탈리아 사람들이 가지고 있는 진정한 애국심이다"라고 했다. 이탈리아인들은 집과 직장의 네트워크를 완전히 다르게 인식하기 때문에, 사무실에서는 격식을 차려 정중하게 행동하지만 집에서는 허물없이 행동한다. 외국인들은 이런 행동 차이를 모순이라고 느끼고 심지어 환멸을 느끼기도 하지만 이탈리아인들은 이를 지극히 자연스럽게 받아들인다. 이들에게 집과 직장이라는 두 세계는 완전히 다른 영역이다. 가족이 아닌 다른 영역에 갖는 적개심은 그것이 자신에게 무해하고 우호적이라는 것이 증명된 다음에야 사라진다. 이런 이탈리아 사회의 특징을 무시하기도 힘들고, 받아들일 수도 없다면 가능한 방법을 동원해 자신을 속이거나 상대를 매수하면 된다.

초대

가족을 이토록 중시하는 이탈리아인들이기에, 집으로 초대한다거나 생일잔치, 영명 축일, 결혼식, 장례식 등 가족행사로의 초대는 관계 발전에 중요한 단계가 된다. 만약 한 가족에게서 교회에 함께 가자는 초대를 받았다면 가도록 하자. 당신이 가톨릭 신자가 아니더라도 가라! 앙리 4세는 프랑스 왕이 되어 달라는 부탁을 받았을 때, 조건부로 가톨릭으로 개종하며 이렇게 말했다고 한다. "파리는 엄청난 가치가 있지." 이탈리아의 가족행사도 마찬가지다.

선물

선물을 줄 때 조심해야 할 것이 무척 많은 문화권도 있지만, 이탈리아에서는 상식적인 선만 지키면 별 문제될 것은 없다. 이탈리아 가정에 초대받았다면 선물 포장한 초콜릿이나 제과류, 꽃을 들고 가면 된다. 이탈리아는 홀수를 길하다고 여기는 나라이므로, 꽃을 살 때는 홀수로 사도록 한다. 또 11월 2일 위령의 날^{Giorno dei Morti}에 무덤 위에 놓는 꽃인 국화는 사지 않도록 한다. 브로치, 손수건, 칼 등은 모두 슬픔이나 상실을 의미하므로 이 또한 선물로 사지 않도록 하자.

사교 모임

대부분 이탈리아 도시에는 외국인이라면 누구나 가입할 수 있는 스포츠 클럽과 사교모임 및 조직이 있다. 아메리칸 우먼스 클럽, 로터리 클럽, 앵글로 이탈리언 클럽, 라이온 클럽 등은 이탈리아 전역에 지부를 두고 활발히 운영 중이다. 이 모임들은 다양한 활동을 제공하며, 단기 가입이 가능한 경우도 있어, 잠시 이탈리아를 방문하는 사람들에게는 실질적인 정보를 얻을 수 있는 통로가 될 것이다. 또 이탈리아어 수업을 조직, 운영하고 있는 곳도 많다. 클럽은 사람들을 만나기 좋은 방법이니 한 번 찾아보도록 하자.

바와 나이트라이프

전반적으로 이탈리아 사람들을 만나기란 전혀 어려운 일이 아니다. 이탈리아 사람들은 야외활동을 좋아하며 사교적이다. 사회생활은 보통 바와 카페가 모여 있는 마을의 광장을 중심으로 펼쳐지고, 밤이면 근사한 라이브 뮤직 쇼가 펼쳐지기도 한다. 북부 이탈리아에는 아이리시 펍도 있다.

이탈리아의 젊은이들은 활발하고 적극적으로 클럽 문화를 즐긴다. 클럽 중에는 규모가 엄청나 몇 층에 걸쳐 있는 것들도 있는데, 입장료는 꽤 비싼 편이다(보통 이런 입장료에는 첫 음료 가격이 포함되어 있다). 보통 클럽은 밤 11시 30분쯤 영업을 시작한다. 지금 가장 '핫'한 장소를 알아보고 싶다면 호텔 직원에게 문의하거나 지역신문을 찾아보도록 하자.

도박이나 소액 내기를 즐긴다면 카지노로 가보자. 카지노에 입장하기 위해서는 반드시 여권을 지참해야 한다. 이탈리아인들은 고용 상태를 증명해야만 입장이 가능하다. 반드시 정장을 제대로 차려입고 가야 한다. 카지노는 보통 오후 2~3시에 문을 열어 새벽 4시 30분까지 영업한다. 이탈리아에서 카지노를 말할 때는 강세에 유의하도록 하자. 카지노의 '노'에 강세를 둔 카지노는 도박을 즐길 수 있는 곳을 의미하지만, 카지노의 '지'에 강세를 두고 말하면 사창가를 의미한다!

연락하기

이탈리아 사람들에게 우정은 선물이다. 그런 만큼 이탈리아 사람들은 끈끈한 우정으로 유명하다. 이보다 더 따뜻하고 친절한 사람들을 만나기란 쉽지 않지만, 이들에게 우정은 끊임없이 연락하며 노력해야 하는 대상임을 잊지 말자. 꾸준한 연락은 물론 가능한 경우에는 계속 얼굴을 보고 만날 약속을 잡는 것이 중요하다. 황폐한 세상에서 서로를 도울 기회를 만들어 가는 것도 그 우정의 중요한 일부다.

05

일상생활

어딜 가나 슈퍼마켓을 흔히 볼 수 있는 미국이나 영국과는 달리 이탈리아의 슈퍼마켓은 상대적으로 적은 편이다. 슈퍼마켓이 전체 식품 유통의 약 6%만을 차지하는 것에서 그 상황을 짐작해볼 수 있다. 이탈리아 사람들은 작은 식료품점이나 야외시장에서 장보는 것을 더 선호한다. 신선한 재료를 사기 좋아하는 이탈리아 사람들에게 장보기는 일상의 중요한 일부다.

이탈리아인의 삶은 가족에 뿌리를 두고 있고, 친한 친구와 가족으로 구성된 네트워크가 그 삶의 근간을 이룬다. 이 때문에 앞서 살펴본 것처럼 이탈리아 사람은 언제든 누군가에게 기댈 수 있고, 이는 삶을 좀 더 현실적으로, 또 약간은 회의적으로 보는 결과를 가져왔다.

내 집 마련

도시에 사는 대부분의 이탈리아인은 아파트에 임대해 살지만 교외나 작은 마을에 사는 사람들은 보통 자가를 소유하고 있다. 이탈리아에서 내 집 마련은 극히 어려운 일이기 때문에 많은 사람들이 수년의 시간을 기다리고 나서야 자기 집을 마련한다. 이탈리아의 아파트는 꽤나 작은 편이라 방 3개짜리 아파트는 드물지만 화장실이 2개인 것은 흔하다. 이탈리아 사람들은 인테리어 장식과 디자인을 중시하고 그에 엄청난 자부심을 가지고 있다. 그래서 집을 아름답게 꾸미는 것에는 돈을 아끼지 않으며 대리석이나 나무, 돌을 사용해 집을 장식하는 경우도 많다. 고품질로 유명한 이탈리아산 세라믹은 욕실이나 부엌에 많이 사용된다. 화장실에는 보통 변기와 비데가 함께 구비되어 있고, 세탁기는 부엌보다는 화장실에 놓는 경우가 많다.

이탈리아 사람들은 이사를 나갈 때 말 그대로 부엌 싱크대와 화장실 욕조, 변기 등 고정 세간만 빼고는 모든 것을 가지고 간다. 그래서 새로 이사를 들어온 사람은 보통 지역의 목수나 기능공을 고용해 고정, 반 고정 세간을 모두 다시 설치해야 한다. 이탈리아 사람이라면 누구나 자신만의 추천 '특별' 기능공의 연락처를 가지고 있으니 필요한 경우 묻도록 하자. 보통 카펫으로 바닥을 덮기보다는 원래의 타일 그대로를 깨끗이 유지하며, 마룻바닥은 비싸서 부부 침실(주 침실)에만 하는 경우가 많다.

이탈리아의 집 중 특이사항으로 실외로 나와 있는 꼭대기 층 발코니를 이르는 로지아^{loggia}와 지하실인 타베르나^{taverna}를 들 수 있다. 타베르나는 파티와 바비큐를 즐기는 어른용 놀이방 혹은 엔터테인먼트 룸 정도로 이야기할 수 있을 것이다. 벽난로와 소박한 가구를 구비해 놓고 사놓은 와인을 보관하기도 한다. 최근에 지은 건물의 타베르나는 예전의 사냥용 오두막 스타일로 지어져, 8월 중순 성모승천일 휴일이나 4월 25일 해방기념일이면 아파트 주민들이 아파트 내 타베르나에 모여 즐거운 시간을 보내기도 한다.

이탈리아 주택의 한 가지 흥미로운 구조는 로지아라고 부르는 탁 트인 최상층 발코니이다. 또 하나는 지하 타베르나이다. 이곳은 일종의 성인용 오락실로, 파티나 바비큐에 활용된다. 벽난로, 와인, 낡은 느낌의 가구가 있을 수 있다. 비교적 신축 주택에서 볼 수 있는 타베르나는 이탈리아의 오래된 사냥꾼 오두막과 비슷하며, 콘도미니오 거주자들이 공휴일에 친구들과 함께 시간을 보내는 곳 같기도 하다. 건물 지하에는 칸티나라는 곳도 있는데, 이탈리아인은 여기에 사용하지 않는 물건을 보관한다.

전문가들은 이탈리아에 5년 미만 머물 경우에는 집을 사는 것보다 빌리는 것이 경제적이지만 그 이상 체류할 경우에는 사는 것을 고려하라고 조언한다. 일부 외국인은 공동정원과 수영장을 갖추고, 아파트 소유주들이 시설 관리 및 유지를 공동으로 하는 아파트를 구입하기도 한다. 이 경우 아파트 내 모든 시설을 이용할 수 있도록 하는 조항이 계약서에 명시되어 있는지 반드시 확인해야 한다.

또 전문가들은 집을 사기로 마음먹었다면, 해당 집에 1년 중 날씨가 최악인 계절에 최소 6개월에서 9개월 정도 세 들어

살아보라고 권유한다. 많은 외국인이 날씨 따뜻한 봄이나 가을에 집을 샀다가 뼈가 시릴 정도로 추운 겨울이나 사우나에 들어앉은 듯 더운 여름에 '내가 이 집을 왜 샀지' 하고 후회하기 때문이다.

다양한 주택과 아파트를 매물로 가진 이탈리아의 주택임대 시장은 활황을 보이고 있다. 보통 임대주택은 아무 가구도 비치되어 있지 않은 '논아모빌리아토non ammobiliato'가 대부분이며, 모든 가구를 구비하고 있는 주택이나 아파트를 장기로 임대하는 '아모빌리아토ammobiliato'는 드문 편이다. 가구를 일부 구비해 놓은 아파트 중에는 취사 가능한 숙소가 많다. 이탈리아의 부동산 임대나 구입에 대한 자세한 조언은 그레엄 체스터의 『Living and Working in Italy』를 참고하자. 그레엄에 따르면 이탈리아에서 아파트나 주택을 알아보기에 최악의 시기는 바로 9~10월이다. 막 여름휴가에서 돌아온 이탈리아인들이 그 방랑벽을 주체하지 못하고 너도나도 새로운 집을 알아보기 때문이다.

쇼핑

신선한 재료를 사기 좋아하는 이탈리아 사람들에게 장보기는 일상의 중요한 일부다. 이탈리아 시장에서는 물건을 킬로그램, 500그램, 그램 단위(보통 1백 단위)로 판매한다. 시장에는 실내시장, 거리시장, 이동시장이 있는데 보통 설치와 철수를 반복하는 이동시장이 보통 상점보다는 저렴한 편이다(물론 당신의 가격 흥정 능력에 따라 달라지겠지만). 이동시장에서는 신선한 지역 농산

로마 키르쿠스 막시무스에 있는 농산물 판매대

물뿐 아니라 의류 등 공산품 등도 살 수 있다.

이탈리아의 슈퍼마켓은 상대적으로 적은 편이다. 슈퍼마켓이 전체 식품 유통의 약 6%만을 차지하는 것에서 그 상황을 짐작해볼 수 있다. 이탈리아 사람들은 작은 식료품점이나 야외시장에서 장보는 것을 더 선호하지만, 대형 슈퍼마켓도 있다. 쿱 이탈리아^{Coop Italia}, 인테르디스^{Interdis}, 코나드^{Conad}, 스파^{SPAR}가 대표적이다. 이탈리아 사람들은 보통 슈퍼마켓에 갈 때 자기 소유의 장바구니를 가지고 간다. 슈퍼마켓이 제공하는 비닐봉투는 돈을 내고 구입해야 하며, 구입한 물건을 가방에 담거나 포장하는 데 대한 특별한 규칙은 없다.

이탈리아의 유명 백화점은 밀라노와 로마에 모여 있다. 가장 유명한 백화점으로는 리나센테^{La Rinascente}, 메트로^{Metro}, 스탄다^{Standa}, 우핌^{Upim} 등을 들 수 있다. 백화점은 국제적 시설을 갖추고 있고 신용카드로 결제가 가능하며, 보통 영어가 가능한 직원을 두고 있어 외국인이 쇼핑하기엔 지역의 작은 상점보다 편리하다.

겨울 세일^{saldi}은 1월에, 여름 세일은 여름휴가가 시작되기 전인 7월과 8월에 있지만, 가격은 여전히 높은 편이다. 스포츠 의류와 스포츠 장비, 아동복, 장난감도 비싸다. 프레나탈 같은

천장이 유리로 된 밀라노 비토리오 에마누엘레2세 갤러리의 쇼핑 아케이드

아동복 체인점에서도 말이다.

이탈리아에서 구하기 어렵거나 비싸게 판매되는 제품에는 전기주전자, 이불, 삽입식 전구를 들 수 있다(이탈리아에서는 나사식 전구만 판매되고 있다).

이탈리아는 구멍이 2개인 콘센트를 사용하며, 220V와 50Hz의 전압을 사용한다. 모뎀 연결을 위한 전화 어댑터도 다를 수 있다. 공항 면세점에서 파는 멀티어댑터 세트상품을 사는 게 좋을 수도 있을 것이다.

【 쇼핑 시간 】

대개 상점은 아침 8시 반에 영업을 개시해 저녁 6시, 7시 혹은 8시에 문을 닫는다. 많은 상점, 특히 남부의 상점들은 오후 1시부터 3시나 4시까지 긴 점심휴식을 가지므로, 방문 전 영업시간을 꼭 확인하도록 하자. 토요일 근무를 보상하기 위해 많은 상점이 평일 오후에 영업을 쉬는데, 이것도 도시마다 차이가 있으므로 확인해야 한다. 대부분의 백화점이나 슈퍼마켓은 하루 종일 영업하므로 이용이 편하다.

교육

이탈리아 학교의 학기는 9월에 시작해 6월에 끝난다. 공립교육 체계를 사립학교가 보완하는 구조이며, 공립과 사립학교 모두 국가가 지정한 교육과정을 따른다. 교육과정은 어린 나이에 시작된다. 의무교육은 6세에서 15세까지를 대상으로 실시되지만, 원하는 경우 4세부터 유치원 교육을 받을 수 있다. 6세부

밀라노 스포르체스코 성의 박물관으로 소풍 가는 어린 학생들

터 11세까지는 초등학교에 다니고, 11세가 되면 중학교 진학 전에 초등자격시험을 치른다. 그런 뒤 11세부터 14세까지 중학교에 다닌다. 의무교육이 끝나기 1년 전인 14세가 되면 중등자격시험을 본다.

14세부터 18세까지 아이들에게는 다양한 선택의 길이 주어진다. 고등학교에서 전공교육이 시작되기 때문에 학생들은 전통 인문학을 공부하는 고전, 과학을 중점적으로 배우는 과학, 언어를 집중적으로 공부하는 어문, 기술, 상업을 골라 공부할 수 있다. 예술과 음악, 춤, 연극 등 예체능을 선택할 수도 있다. 교사가 되고 싶은 아이들의 경우에는 사범 전공을 할 수도 있다.

현미경으로 곤충을 보면서 분류 작업 중인 중학생들

토리노대학교 루이지 에이나우디 캠퍼스 입구

전공을 선택한다고 해서 기본과목을 배우지 않는 것은 아니지만, 기본과목 수업을 제외한 시간에는 전공과목을 집중적으로 배운다. 18세에 마투리타^{maturita} 시험을 보고 대학에 진학하며, 대학에서 학사 학위를 취득한다.

군복무

이탈리아는 2004년 말에 남성의 의무복무제를 폐지했다. 여성도 2000년 이후 입대할 수 있게 되었으며, 경찰관^{carabinieri}을 포함한 모든 보직에서 근무할 수 있다.

구직

이탈리아의 실업률은 2014년에 거의 40%에 육박했던 것에서 2019년 9.9%로 줄었다. 그러나 청년 실업률은 2019년에도 33%로 높았으며, 이는 EU 내에서 그리스 다음으로 높은 수치였다. 직장을 구하기 위해 남부 청년들은 북부로, 또 유럽 내 다른 나라로 떠나는 인구가 많아졌다. 고용이 턱없이 부족한 상황에서 고용의 충분한 자격을 갖춘 대학생들도 더 많은 자격증을 취득하기 위해 대학에 오래 남는 경우가 많아지고 있다.

이탈리아에는 실업수당이 없으며, 대학을 졸업한 이들조차 취업의 사다리를 오르는 것이 힘겹기만 하다. 이들을 고용하는 주된 고용주는 아버지가 은퇴하면 그 아들딸이 사업을 물려받는 가족기업이다. 전통적으로 이탈리아는 유럽 내에서도 최장기 고용계약 기간을 자랑했지만, 현재는 인력의 1/4 이상이 단기계약으로 일하고 있다.

영국과 마찬가지로 이탈리아 경제 중에서도 가장 빠르게 성장하고 있는 분야는 서비스와 레저 산업이다. 한편 고용 안정성과 규칙적인 근무시간, 이른 은퇴와 국가연금 지급을 보장하는 공무원을 꿈꾸는 사람이 많다.

결혼

대부분의 이탈리아 사람들은 결혼 전까지 자신의 부모와 함께 산다. 서른이 다 된 성인이 부모와 함께 사는 것을 흔히 볼 수 있으며, 결혼한 신혼부부가 임대 또는 구입하기에 마땅한 주택이나 아파트를 찾기 전까지 부모와 함께 사는 경우도 적지 않다. 이런 이유로 이탈리아 청년들은 영국이나 미국, 호주의 동년배보다 훨씬 늦게 집에서 독립한다.

출산

이탈리아에서 아이의 출생은 가족뿐 아니라 온 이웃에게 중요한 일이다. 전통적으로 이탈리아는 아이의 탄생을 떠들썩하게 축하한다. 이탈리아에서 자녀를 본 아버지가 제일 먼저 하는 일은 장미 모양의 리본을 사는 것이다. 아들이면 파란색 리본을, 딸이면 분홍색 리본을 사서 문 앞에 걸어 아이의 탄생을 알린다. 그리고 두 번째로 하는 일은 아이의 출생 7일 이내에 아이가 태어난 도시에서 2명의 증인과 함께 출생 신고를 하는 것이다. 이탈리아 사람들은 관료주의 세상에 태어나 평생을 관료주의에 시달리고 죽어서도 관료주의를 따른다는 말이 괜히 있는 것이 아니다.

　이탈리아의 출산율은 인구 1,000명당 약 7.6명 정도로 계

속 낮은 수준을 유지하고 있으며, 이탈리아 인구는 2020년까지 0.5% 정도 늘어날 것이라고 예측되었다. 이는 생활방식과 종교적 신념의 변화에 따른 영향일 수 있다. 교황도 나서서 이탈리아 국민에 아이를 더 많이 낳을 것을 권장했다.

그러나 부유한 이탈리아 북부와 중부 지역에서는 1995년에 기록된 최저 출산율(여성 한 명당 1.18명 출산)이 개선되는 신호가 보이고 있다. 2020년이면 이탈리아의 인구는 6천만 명에 이를 것으로 예상된다. 이는 외국인 거주자가 500만 명(인구의 약 7.6%) 정도로 늘었기 때문이다.

어떤 평론가는 이탈리아의 낮은 출산율을 '시한폭탄'이라고 한다. 그 이유는 사망률이 출산률을 크게 앞지르고, 인구 고령화가 진행 중이기 때문이다. 이탈리아의 인구를 안정시킬 수 있는 존재는 이제 새로운 외국인 거주자밖에 없다.

화폐 및 은행 이용

이탈리아는 원래 '리라'라는 화폐단위를 사용했지만, 2002년 유로화를 법정화폐로 채택하면서 리라는 역사의 뒤안길로 사라졌다. 주요 대도시를 벗어나면 정부의 규제를 피해 현금으로 거래되는 경제활동이 많다. 신용카드를 사용할 수 없는 업장이 많으니, 작은 마을에 간다면 레스토랑이나 상점에서 신용카드 사용이 가능한지 먼저 확인하도록 하자. 재화를 불법적으로 거래하는 블랙마켓이 많아 현금 사용이 권장된다. 그러니 신용카드와 현금 등 자금원을 다양하게 활용해야 한다. 항상 신분증으로 여권을 지참하고 다니되, 잃어버리거나 도둑맞지 않도록 조심하자. 여행자수표는 가장 안전한 형태의 화폐지만, 아무 호텔이나 레스토랑에서 바로 현금화할 수 없다는 단점이 있다.

은행 간의 전산망인 시러스^{CIRRUS}, NYCE 등을 이용한 방코마트^{Bancomat}라는 이름의 ATM을 사용할 수 있지만, 현금이 부족하거나 고장 난 경우가 있으니 주말에 사용할 현금이 필요하다면 사전에 현금을 인출하는 것이 좋다. 대부분의 이탈리아 은행은 외국 은행에서 발행한 수표를 받지 않지만, 여행자수표와 외국 화폐는 은행과 국제공항 및 기차역에서 환전할 수 있다.

환전소마다 적용하는 환율에 크게 차이가 나므로 여러 곳을 둘러보고 환전하자. 공항에서 환전하거나 환전기계를 이용하면 수수료가 가장 비쌀 뿐 아니라 환율도 최악으로 적용되니 피하는 것이 좋다. 환율은 은행이 가장 좋고 우체국은 가장 저렴한 수수료를 부과한다. 회전 보안문에 무장한 경비원이 지키고 있는 이탈리아 은행은 조금 겁나게 느껴질 수도 있을 것이다.

은행의 영업시간은 도시마다 다르지만, 대체적으로 오전 8시 30분부터 1시까지, 오후 3시부터 4시까지 두 차례에 걸쳐 영업하는 경우가 많다. 토요일, 일요일, 공휴일은 휴무이며, 공휴일 전 금요일 오후에도 휴무일 수 있으니 사전에 영업시간을 확인하도록 하자. 주요 호텔에서는 환전이 가능하며, 호텔

직원이 근처의 ATM 위치도 알려줄 수 있으니 궁금한 것은 질문하면 된다.

【 신용카드 】

주로 사용 가능한 신용카드로는 마스터카드, 비자, 마에스트로 등이 있다. 신용카드보다는 직불카드를 선호하는 편이지만 외국인으로서 가지고 있는 신용카드 한 장은 아주 유용할 것이다.

【 계좌개설 】

단기든 장기든 이탈리아에서 거주하게 되었다면 은행계좌를 개설해야 한다. 하지만 간단하게만 들리는 계좌개설이 이탈리아에서는 결코 쉽지 않다. 대다수 은행은 체류허가를 받은 외국인에 한해 계좌를 개설해준다. 혹자는 개인적인 인맥을 활용하는 것이 가장 효과적이라고 말한다. 그러니 이탈리아 입국 후 은행과 친분이 있는 친구와 함께 은행을 방문하는 것도 방법이다.

이탈리아 은행에 관한 또 하나의 유용한 팁이 있다면 부도수표와 어음은 불법이고 마이너스 통장 사용은 매우 비싸며, 수표는 서명한 날 즉시 결제가 가능하다는 것이다. 수표를 분실, 도난당한 경우에만 수표지급을 중지할 수 있으며, 이 경우 경찰에 반드시 신고해야 한다. 외국인으로서 이탈리아 은행에 계좌를 개설하려면 다음을 지참하고 은행에 방문해야 한다. 유효한 여권, 유효한 체류허가증, 이탈리아 내 주소를 증명할 수 있는 증빙서류(전화요금 및 전기요금 청구서, 주택임대 계약서)가 필요하다.

건강 유지

최근의 조사연구에 따르면 이탈리아 사람들은 유럽에서 가장 건강하고 장수하는 민족이라고 한다. 연구서에 따르면 이는 레드와인과 올리브오일, 지중해식 식사 덕분이라고 한다. UN의 통계에 따르면 이탈리아 남성의 평균수명은 76세, 여성의 평균수명은 82세다.

　이탈리아인들이 건강관리에 쓰는 비용은 GDP의 약 6%로 적은 편이다. 이탈리아의 의사와 의료진은 세계 최고의 숙련도와 기술을 자랑하지만 남부의 경우 지역별로 병원의 수준차가 심하다. 이탈리아는 160명의 주민당 1명의 의사가 배정될 정도로 의사가 가장 많은 국가 중 하나다. 의료진 중 다수가 영어를 할 수 있으며, 통역사를 대동하는 관광객용 의료서비스 guardia medica turistica 도 있다. 대사관이나 영사관에 영어 구사가 가능한 지역 의사 목록을 요청해보자.

이탈리아에는 1978년 설립된 국민건강보험, 즉 SSN가 있지만 일부는 사설 건강보험에 가입하기도 한다. 만약 이탈리아에 거주하게 된다면, 사설 보험에 가입해두는 것이 좋을 것이다. 참고로 이탈리아는 외국인이 이탈리아 영내에서 응급상황을 맞은 경우, 그 국적에 관계없이 무료로 응급처지를 제공하고 있다(단, 병원에 따라 치료비용을 청구할 수도 있음).

이탈리아에서는 몸이 아프면 먼저 가정의나 지역병원의 진료소를 찾아가거나 응급실을 찾아간다. 병원은 파란 배경에 하얀 글씨로 쓴 'H'로 표시한다. 진료를 받기 전 비용을 계산하므로, 사용할 수 있는 보험카드를 챙겨가도록 하자.

의사가 의약품을 처방하면, 파르마치아 farmacia 라고 하는 약국에서 약을 구입할 수 있다. 영어로 약을 의미하는 '드러그 drug'와 비슷한 이탈리아어 '드로마 droga'는 마취제만 의미하니 유의하도록 한다. 이탈리아에서는 동종요법 약제가 유행이라 종종 의사가 이를 처방하기도 하며, 모든 약국에서 이를 쌓아

놓고 판매하고 있다. 일반적으로 녹색 간판에 Omeopatia 또는 Erboristeria라고 쓰여 있는 것을 볼 수 있다.

치과의 경우 이탈리아의 상황은 열악한 편이니 이탈리아로 출국하기 전 고국에서 치과 치료를 받고 떠나는 것이 좋다. 이탈리아의 1인당 치과의사 수는 다른 나라 대비 적은 편이고 영어를 구사하는 치과의사는 더욱 드물며, 치료비도 매우 비싼 편이다. 안과의 경우도 마찬가지다. 이탈리아에서도 국민건강보험을 적용받아 진료를 받을 수 있지만, 출국 전 고국에서 진료를 받는 게 훨씬 편할 것이다. 그리고 출국 전 비상상황에 대비해 여분의 안경과 안경 처방전 사본을 챙겨가도록 하자.

평소 복용하는 약을 이탈리아에 가서 구매해야 한다면, 약 포장상자를 들고 가면 도움이 될 것이다. 약사가 약상자에 표시된 성분을 보고 다른 브랜드의 비슷한 약을 추천해줄 수 있기 때문이다. 이탈리아의 약사들은 약과 질병 치료법에 대한 지식을 가지고 있으며, 그에 대해 조언할 권한을 가지고 있는 경우가 많다.

【온천】

이탈리아에서 누릴 수 있는 큰 즐거움 중 하나로 테르메^{terme},

즉 온천을 들 수 있다. 온천물에 몸을 담그고 느긋한 휴식을 즐길 수 있을 뿐 아니라 하이드로테라피 및 뷰티 트리트먼트도 받을 수 있어 더욱 인기다. 이탈리아에서 헬스케어 관광은 규모가 큰 사업으로 이탈리아 내 100군데가 넘는 온천에 매년 수백만 명의 이탈리아인들이 찾고 있다. 온천은 밀라노 주변의 북부와 토스카나 지방(몬테카티니 테르메가 가장 유명하다), 남부의 이스키아섬에도 있다. 합리적인 비용으로 온몸의 긴장을 풀고 디톡스를 즐기기 좋은 방법이다.

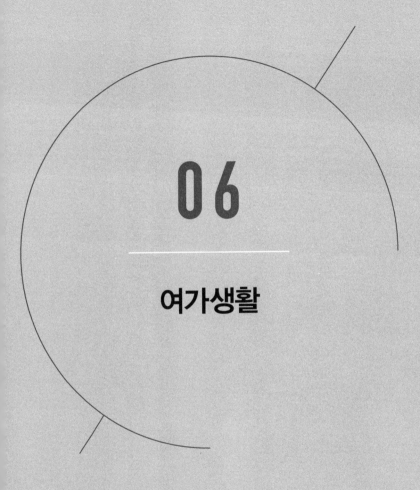

06

여가생활

이탈리아에서 누리는 커다란 즐거움 중 으뜸은 바로 먹고 마시는 것이다. 지역마다 독특한 조리법과 재료를 사용해 다양한 맛을 선보인다. 북부에서는 검은 후추와 버터와 쌀을, 남부에서는 빨갛고 매운 고춧가루, 올리브오일과 파스타를 주재료로 사용한다. 향 좋은 트러플로 유명한 피에몬테 지역에서 리소토를 주문한다면 요리 위에 트러플이 뿌려져 서빙되는 즐거움을 누릴 수 있을 것이다.

먹고 마시기

이탈리아에서 누리는 커다란 즐거움 중 으뜸은 바로 먹고 마시는 것이다. 지역마다 독특한 조리법과 재료를 사용해 다양한 맛을 선보인다. 북부에서는 검은 후추와 버터와 쌀을, 남부에서는 빨갛고 매운 고춧가루, 올리브오일과 파스타를 주재료로 사용한다. 향 좋은 트러플로 유명한 피에몬테 지역에서 리소토를 주문한다면 요리 위에 트러플이 뿌려져 서빙되는 즐거움을 누릴 수 있을 것이다. 리구리아주는 바질과 잣을 갈아 만든 페스토 파스타 소스로 유명하고, 토스카나 지방에서는 갓 잡아 신선한 토끼 고기에 토마토를 곁들인 요리 또는 멧돼지 소시지를 즐길 수 있다. 시칠리아에서는 이 세상에서 가장 맛있는 정어리를 맛볼 수 있을 것이다. 이탈리아 레스토랑은 대부분 당일 시장에서 사온 신선한 재료로 음식을 만들어 판매한다.

이탈리아의 풍부한 다양성과 지역주의를 생각해보면 왜 2,000가지가 넘는 파스타 종류가 있는지, 또 다른 나라보다 월등히 많은 와인 상표(최소 4,000개)가 있는지 쉽게 이해할 수 있다. 이탈리아에는 사그레sagre라는 다양한 음식축제가 열리는 데, 축제에서는 현지음식을 눈으로 보고 시식할 수도 있다. 특별히 인기 있는 축제로는 와인 축제와 트러플 축제를 꼽을 수 있다. 이탈리아 관광청^{ENIT}은 매년 『이탈리아의 해$^{An Italian Year}$』라는 책자를 출간해 지역 축제를 안내하고 있다.

【 식사 문화 】

이탈리아 사람들은 보통 아침 8시경 간단하게 비스킷 몇 조각이나 크로와상에 진한 커피 또는 차를 곁들여 마시는 것으로 아침식사$^{prima colazione}$를 먹는다. 하루 중 가장 배부르게 먹는 식사는 종종 점심^{pranzo}식사다. 점심은 낮 1시에서 2시 사이에 먹는데, 직장인들은 보통 빨리 먹고 자리에서 일어나지만 지역에 따라 최대 3시간 동안 점심을 즐기기도 한다. 점심을 거하게 먹은 날은 간단한 스낵으로 저녁식사를 때운다.

저녁식사^{cena}는 보통 8시에 먹지만 10시 정도에 늦게 먹기도 한다. 가장이 점심을 집에서 먹지 않는 경우에는 저녁식사가 하루의 주 식사가 된다. 자녀들은 보통 정해진 취침시간 없이 밤늦게까지 자지 않는 경우가 많다. 주 요리에 버터 없이 빵을 먹고, 와인과 물을 마신다. 손님이 왔을 때는 가장이 모든 사람의 잔에 와인을 따라주고 건배를 제의한다. 건배사가 끝나

스크램블 에그를 곁들인 아침 식사

면 각자 와인을 마시면 된다. 이탈리아어로 건배는 '살루떼'라고 한다.

이탈리아의 풀코스 식사는 그 양이 상당하고, 종류도 다양해 "먹으면서 식욕이 오른다"는 속담이 있을 정도다. 식사는 전채요리, 2가지 메인요리, 치즈, 디저트, 과일 순으로 제공된다. 이탈리아어로 전채는 안티파스토라고 하는데, 보통 차가운 고기요리나 절인 채소 모둠으로 구성되며, 인기 있는 안티파스티(안티파스토의 복수)로는 멜론에 파르마 햄을 얹은 요리가 있다.

첫 번째 메인 코스인 프리모primo는 보통 파스타나 리소토

또는 수프^{minestra} 중 하나를 선택해 즐긴다. 미네스트로네는 걸쭉한 이탈리아식 채소수프다. 두 번째 메인코스, 즉 세콘도^{secondo}는 구운 채소를 곁들인 고기나 생선요리로 구성된다. 구운 채소는 종종 세콘도를 먹으면서 함께 곁들여 즐기는 음식이라는 의미의 콘토르노^{contorno}로 따로 제공되기도 한다. 감자를 포함한 콘토르니(콘토르노의 복수)는 고기나 생선요리와 함께

즐기는 음식이 아니라 접시를 다 비우도록 도와주는 음식으로, 세콘도 뒤에 서빙되기도 한다. 라자냐를 제외한 파스타는 그 어떤 경우에도 그 자체로 한 끼 식사라고 여겨지지 않는다. 만약 프리모로 파스타 한 접시를 다 먹기엔 양이 부담스럽다면, 주문 시 양을 반으로 달라$^{mezza\ porzione}$고 이야기하자.

세콘도를 다 먹으면 치즈와 과일, 디저트와 커피가 서빙된다. 이탈리아인들은 식사 시 보통 와인을 곁들여 마시며 이는 근무시간에도 마찬가지다. 수돗물$^{aqua\ semplice}$이 무료로 제공되지만 보통 이탈리아 사람들은 미네랄 워터$^{aqua\ minerale}$를 주문한다. 미네랄 워터에는 탄산수^{gassata}와 탄산이 없는 생수$^{non-gassata}$가 있다.

계산서^{conto}에는 부가가치세(이탈리아어로는 IVA)가 포함되어 있으며, 식전 빵과 자릿세 또는 약 12%의 서비스 요금이 부과된다. 서비스 요금을 지불한다 해도 그 돈이 당신에게 훌륭한 서비스를 제공한 웨이터에게 바로 가지는 않으므로, 감사한 마음을 표현하고 싶다면 추가로 몇 유로의 팁을 줄 수도 있을 것이다. 탈세가 심각한 문제로 떠오르자 이탈리아는 법으로 영내 모든 상점과 레스토랑, 술집은 고객에게 영수증^{scontrino}을 발행하도록 규정했고, 만약 이를 위배할 경우 거액의 벌금을 낼

· 팁 주기 ·

팁은 온전히 개인의 의사에 따라 줄 수도, 주지 않을 수도 있다. 많은 레스토랑이 이미 서비스 요금을 부과하고 있고, 이탈리아인들도 팁에 관대한 편은 아니다. 훌륭한 서비스를 받고 팁을 주고 싶은 사람의 경우 보통 계산서의 끝자리를 올려 돈을 내는 경우가 더 많다. 호텔에서 짐을 나르는 것을 도와주는 직원이나 문지기에게는 약간의 사례를 하는 것이 보통이며, 택시요금도 끝자리를 올려 요금을 지불하기도 한다. 바에서 음료수를 마신 경우에는 바텐더에게 감사의 표시로 작은 동전을 두고 가기도 한다.

수 있다.

외식을 나온 이탈리아 사람들은 결코 서둘러 먹는 법이 없다. 세콘도를 다 먹은 후 치즈와 과일, 이어 디저트와 커피가 서빙되기까지의 시간은 즐거운 대화로 채워지고, 즐겁게 대화를 나누다 보면 식사시간이 한 시간쯤 늘어나는 것은 일도 아니다.

외식

이탈리아 사람들은 외식을 자주 즐기고, 그런 만큼 다양하고 폭넓은 음식점이 있으며 그 종류도 명확히 정의되어 있다. 먼저 리스토란테^{ristorante}는 보통 가장 비싼 음식점을 말한다. 트라토리아^{trattoria}는 가족이 운영하는 작은 규모의 지역 레스토랑을 말하는데, 한정된 메뉴를 합리적인 가격에 제공하지만 때로 아주 훌륭한 음식을 만나볼 수도 있다. 타베르나^{taverna} 또는 오스테리아^{osteria}는 더 단순하고 소박한 음식을 제공한다. 하지

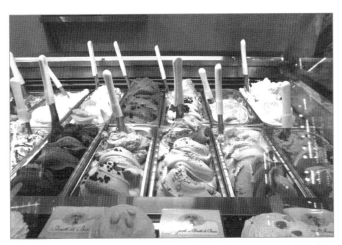

아시시의 젤라토

오스테리아에서는 기본 식사와 현지 특별 메뉴를 제공한다.

만 레스토랑의 유형이 늘 가격대를 말해주는 것은 아니므로 주문 전 메뉴를 반드시 확인하도록 하자.

이탈리아 사람들은 자녀들 때문이 아닌 이상 햄버거를 자주 즐기지는 않는다. 대신 나무화덕에서 피자를 구워내는 피제리아가 널리 사랑을 받고 있다. 아이스크림을 만들어 파는 젤라테리아gelateria도 마찬가지다. 빨리 한 끼 먹어야 하는 경우에는 로스티체리아rosticceria에서 꼬치구이요리 혹은 사전에 조리해둔 닭요리를 먹을 수 있다. 라볼라 칼다tavola calda는 미리 조리된 음식 중 골라 먹을 수 있는 중저가 음식점이다. 와인 상점을 뜻하는 에노테카^{enoteca}에서도 훌륭한 와인에 곁들여 먹을 수 있는 기본적인 음식을 판매한다. '쿠치나 카사링가^{Cucina casalinga}'라고 쓰인 간판을 잘 찾아보자. 이는 가정식으로 조리한 단순하고 소박하지만 만족스러운 음식을 의미한다. 저렴하게 후딱 한 끼를 해결하고 싶은 게 아니라면 관광객 메뉴^{menu turistico}나 고정가격 세트^{menu a prezzo fisso}는 피하도록 하자. 대부분 형편없는 수준이기 때문이다.

'로맨틱한 이탈리아'라는 이름의 이면에는 외국인 여성이 '만만한 대상'으로 여겨진다는 단점이 있다. 실제로 이탈리아 여성은 엄격한 가정교육을 받고 자라며, 이탈리아 남성은 미국이나 영국 남성보다 독립을 더 늦게 하는 편이다. 그리고 북부에서는 여성이 혼자 식당에서 밥을 먹는 모습을 볼 수 있지만(그래도 드물다), 남부에서는 이런 모습에 익숙하지 않아 의도치 않게 관심을 끌게 될 수 있다. 방해 받고 싶지 않다고 표현하는 방법에는 테이블에서 계속 일을 하거나 책을 읽은 것 등이 있다.

【 드레스코드 】

이탈리아는 패션을 극도로 중시하는 문화이다. 성별에 상관없이 모두 그렇지만, 그중에서도 특히 여성은 수입의 큰 부분을 옷과 장신구를 구매하는 데 쓴다. 이탈리아에서는 입은 옷이 당신이 누구인지를 말해주며, 옷은 성공의 휘장이다. 이탈리아 여성은 잘 재단된 단정하고 값비싸며 우아한 옷을 즐겨 입는다. 남성도 말끔하게 재단된 최신 패션의 넥타이와 양복을 입어야 한다. 캐주얼한 복장도 늘 말쑥하고 시크하게 입는다. 이탈리아, 특히 밀라노는 유럽 패션의 중심이라는 사실을 기억하자. 드레스코드가 딱히 엄격히 정해져 있는 것은 아니지만, 이탈리아 여성들은 보통 도시 안에서 반바지를 입지 않는다. 앞서 살펴봤던 것처럼 짧은 반바지나 민소매 상의를 입고 있는 경우 교회 출입이 금지될 수도 있다.

음주

이탈리아에서는 식욕을 돋우기 위해 가볍게 술을 즐기는 아페리티보aperitivo가 보편화되어 있다. 베드리키오Verdicchio나 프로세코Prosecco와 같이 가벼운 화이트와인을 마시거나, 스파클링 와인인 스푸만테spumante를 마실 수도 있다. 식사 중에는 화이트

와인^{vino bianco}과 레드와인^{vino rosso}을 마신다. 와인은 작은 병이나, 1/4 리터, 1/2 리터, 1리터로 주문할 수 있다. 대부분의 이탈리아인은 하우스와인^{vino della casa}을 선택하고, 화이트와인보다는 레드와인을 많이 마신다. 식사가 끝나면 코냑, 그라파(이탈리아식 브랜디) 또는 아마로(베르무트 종류의 술) 등 소화를 돕는 다이제스티보를 마신다.

많은 라틴 문화권 사람들처럼 이탈리아인들도 음식을 먹을 때 술을 곁들여 마시는 것을 선호하며 과음하지 않는다. 몬시그뇰 델라 카사^{Monsignor Della Casa}는 1555년, 궁정예법 안내서인 『갈라테오^{Galateo}』에 이렇게 썼다. "전염병이 알프스를 넘어 우리를 덮치지 않은 것에 신께 감사드린다. 또한 취함을 조롱하고 심지어 그런 행동에 감탄하는 최악의 풍습이 이곳까지 오지 않은 것에 감사드린다."

【 서서 혹은 앉아서? 】

바쁜 와중에 짬을 내어 잠깐 커피나 시원한 음료를 마시고 싶다면, 바에 들어가 카운터 앞에 서서 주문한 음료를 마시자. 바 안 혹은 밖의 테라스에 마련된 자리에 앉는 것보다 최대 3배까지 저렴하다. 왜일까? 테이블에 앉는다 함은 단순히 음료

그라파와 에스프레소

가격뿐 아니라 당신이 앉아 이야기를 나누고 글을 쓰고 읽고, 돌아가는 세상을 구경할 수 있는 자리에 대한 가격도 지불하는 것이기 때문이다. 자리에 오랫동안 앉아 있으면 웨이터가 다가와 또 다른 음료를 주문하겠냐고 물을 수는 있어도, 나가라는 눈치는 주지 않을 것이다.

　이탈리아의 알코올 소비량은 유럽 내 최고 수준이지만, 알코올 소비는 모든 연령층에 골고루 분산되어 있으며, 대부분 사람들은 하루에 와인 2잔 정도를 마신다. 이탈리아 사람들에게는 취하기 위해 술을 마신다는 개념 자체가 생소하다. 모닝커피에 그라파를 한 잔 섞어 마시기는 해도, 그들에게 알코올은 음식에 곁들여 마시는 것 그 이상도 그 이하도 아니다.

【 맥주 문화 】

이탈리아는 와인으로 유명하지만 맥주도 많은 사람들에게 사
랑을 받고 있다. 대중적인 현지 맥주 브랜드로는 모레티[Moretti],
프로스트[Frost], 페로니[Peroni]가 있고, 식당에서는 생맥주(알라 스피
나)를 피꼴라(200ml), 메디아(400ml), 그란데(660ml) 단위로 판매
한다. 청량음료를 마시고 싶다면 레몬, 오렌지, 민트, 딸기 혹
은 커피에 얼음을 넣어 갈아 만든 그라니타[granita]를 먹어보자.
원래 그라니타는 시칠리아의 카타니아에서 유래했는데, 과일,
아몬드, 피스타치오로 만들 수 있다.

【 커피와 차 】

영국이나 북미 출신이라면 이탈리아의 커피 문화에 대해 이미
충분히 잘 알고 있을 것이다. 다음에 나오는 표는 이탈리아에
서 가장 자주 시키는 커피 종류를 소개한 것이다. 운 카페[un caffe]
를 주문했다면 작은 잔에 담긴 에스프레소를 시킨 것임을 기
억하자.

만약 디카페인 커피를 주문하고 싶다면, 운 데카페이나토[un]

커피	
에스프레소	작은 잔에 담긴 진한 블랙커피(도피오 에스프레소는 더블 사이즈를 의미)
카페 룽고	작은 잔에 담긴 블랙커피지만 에스프레소보다는 물을 더 넣어 연하게 만든 커피
카페 코레토	그라파(혹은 다른 술) 한 잔을 넣은 블랙커피
카페 마키아토	약간의 우유를 부은 블랙커피
카페 라테	큰 컵에 커피와 우유를 많이 넣은 커피
카푸치노	풍성한 우유거품을 얹고 그 위에 초콜릿 가루를 뿌린 커피(이탈리아인들은 아침 혹은 오전 중간까지만 카푸치노를 마심)

decaffeinato 혹은 운 카페 하그un caffe Hag라고 말하자. 이탈리아인은 디카페인 커피를 즐겨 마시지는 않는다. 만약 차를 주문한다면 티백과 뜨거운 물을 따로 줄 것이다. 법으로 이탈리아의 바와 카페는 주문한 음료의 종류와 상관없이 무조건 물 한 잔을 무료로 제공하게 되어 있다.

야외활동

이탈리아에서 누릴 수 있는 커다란 즐거움 중 하나로 야외활동을 빼놓을 수 없을 것이다. 적어도 연중 날씨가 따뜻한 계절에는 말이다. 조금 규모가 있는 마을이면 매일 노천시장이 들어서고, 규모가 작은 마을에는 활기 넘치는 장이 서는 장날이 있다.

일요일이면 해변에 가서 하루 종일 느긋하게 바닷가를 즐기는 것은 가족의 주중행사라고 할 수 있다. 바다에 갈 준비를 마치면, 아이들은 엄마 아빠가 맡아놓은 자리로 엄마를 졸졸 따라가 수많은 인파에 합류한다. 팀 파크스에 따르면 이탈리아 사람들은 개인주의 성향이 강하지만, 그럼에도 불구하고 같은 날, 같은 시간대에 같은 일을 하려는 경향이 있다. 가족의 묘지를 찾는 것도, 학기가 끝나는 6월 18일이면 해변에 가는 것도 마찬가지다.

이탈리아 남부 삶의 한 단면으로 파세지아타^{passeggiata}를 들 수 있다. 이탈리아 남부 사람들에게 파세지아타는 일요일 미사보다도 놓칠 수 없는 중요한 의식이다. 파세지아타는 저녁식사가 시작되기 한 시간 전쯤이 되면 젊은 사람들 또는 온 가족이 자신이 가진 옷 중 가장 좋은 옷을 입고 나와 서로 팔짱을 끼고 거리를 거닐며, 자신의 멋진 모습을 보여주고 또 멋지게 차려입은 다른 사람들을 구경하는 것을 말한다.

또 이탈리아 사람들은 캠핑 마니아로, 이탈리아에만 2,000
개가 넘는 캠프장이 있다. 캠프장은 보통 4월부터 9월까지 영
업하며, 시설에 따라 1성에서 4성까지 등급이 매겨져 있다. 최
고 시설을 갖춘 캠프장 안에는 자체 슈퍼마켓, 수영장, 영화관
까지 있어 최고의 휴식을 누릴 수 있다. 캠프장에 들어가려면
국제 캠핑 티켓 책자가 필요할 수 있지만, 보통 캠핑장에서 판
매하고 있으니 구하는 데 어려움은 없을 것이다.

이탈리아인이 사는 방식, 축구

혹자는 이탈리아의 진짜 종교는 축구라고 말한다. 이탈리아에서 축구는 예술이다. 관중도, 축구 해설자도 축구가 예술이라는 것에는 한 치의 이견이 없다. 이탈리아인에게 일요일에 자신이 응원하는 지역 팀의 축구경기를 보는 것은 중요한 행사다. 국가대표팀이 경기에 이겼을 때는 그 소식으로 모든 신문의 헤드라인이 도배된다. 기업 또는 정치인이 소유한 유명 구단 유벤투스(토리노), AC밀란, 인터밀란, 라지오(로마) 등은 베네통, 페라리, 피아트, 아르마니, 베르사체 등과 함께 이탈리아의 자부심을 상징하고 있다.

설묘한 별명을 잘 짓기로 유명한 이탈리아인들답게 축구선

수들도 애칭을 가지고 있다. 네덜란드의 유명 축구선수 마르
코 판 바스턴은 우아한 플레이 덕분에 '백조'라는 애칭으로,
브라질의 카푸는 시계추처럼 끊임없이 그라운드를 질주한다고
해서 '작은 펜듈럼(시계추)'이라고 불린다.

이탈리아의 축구구단 간 경쟁은 중세 도시국가 시절의 경
쟁을 어느 정도 반영하고 있다. 축구 시즌이 되면 매주 이탈리
아 전 지역의 스타디움에서 드라마가 펼쳐진다. 이탈리아인들
의 축구 사랑에 동참해보고 싶다면, 대형 스크린이 설치되어
있는 아무 카페(이탈리아에서는 '바'라고 부른다)나 들어가 보자. 경기
에 열중한 다른 현지인들과 함께 홈팀이 골을 넣으면 함께 흥

분하고, 경기에 지면 함께 참담함을 느껴보는 거다. 경기가 끝난 후에도 사람들이 축구 전술과 기술에 대해 끊임없이 열변을 토하는 것을 볼 수 있을 것이다.

관광

관광할 곳이 차고 넘치는 이탈리아! 어디에서부터 시작해야 할지 궁금하다면 이탈리아 관광청을 방문해보자. 이탈리아 관

피사의 사탑

광청은 대부분의 나라에 사무실을 두고 있다. 국영 여행사인 CIT, 혹은 CIT 이탈리아^{Sestante-Compagnia Italiana di Turismo}도 정보를 제공하며, 이곳에서 기차표도 예약할 수 있다. 이탈리아의 20개 주도도 EPT^{Ente Provinciale di Turismo} 혹은 APT^{Aziende di Promozione Turistica}라 불리는 관광안내소를 두고 운영 중이다. IAT^{Ufficio Informazione e Accoglienza Turistica}와 AAST^{Azienda Autonoma di Soggiorno e Turismo}도 지도와 지역정보, 대중교통 정보, 지역 내 주요 관광명소의 영업시간 정보를 제공한다. 보통 관광명소는 월요일부터 금요일까지, 아침 8시 30분부터 저녁 7시까지 둘러볼 수 있다.

축제

앞서 잠시 살펴본 것처럼 매년 열리는 이탈리아의 지역별 축제는 지역의 중요한 행사로, 며칠 동안 열리는 것도 있다. 종교적 축제도 있고, 르네상스나 중세를 재연하는 축제도 있다. 그 대표적인 예로 시에나에서 열리는 팔리오(7월 2일, 8월 16일) 축제의 말 경주와 베네치아의 레가타^{Regata}(9월 첫째 주 일요일), 피렌체에서 부활절에 열리는 스코피오 델 카로^{Scoppio del Carro}를 들 수 있

베네치아의 레가타 스토리카

다. 6월이면 6월 24일을 포함한 3일 동안 피렌체에서 16세기 복장을 차려입고 벌이는 퍼레이드^{Calcio Storico Fiorentino}가 열린다. 로마의 나보나 광장에서는 크리스마스부터 1월 5일까지 사탕과 장난감을 파는 활기 넘치는 장터가 열린다.

박물관과 미술관

이탈리아에는 국가에서 운영하는 박물관이 70여 개나 된다.

혹자는 세계의 위대한 미술 걸작 중 절반이 이탈리아에서 탄생했다고 말하기도 한다. 이는 르네상스 시대 이탈리아가 미술과 조각예술을 찬란하게 꽃피웠기 때문이다. 당시 만들어진 유산은 오늘날 이탈리아 전역의 성당과 궁전, 박물관에 잘 보존되어 우리에게 감동을 선사하고 있다. 이탈리아의 거의 모든 성당이 걸작을 보유하고 있는 것 같고, 그 모든 성당이 걸작을 감상하려면 입장료를 내라고 하는 것 같지만 말이다! 박물관은 대개 주말에도 열기 때문에 월요일에 휴관하는 경우가 많다. 보통 화요일부터 토요일까지는 아침 9시부터 오후 1시나 2시까지(대도시의 경우 더 늦게 문을 닫음), 일요일은 아침 9시부터 오

보르게세 미술관에 전시된 티치아노의 <천상과 세속의 사랑>(확대)

후 1시까지 개관한다.

일부 관광지는 관광객들로 너무 붐벼서, 과대평가된 것이 아닌가 하는 생각이 들 수도 있다. 하지만 너무 일찍 실망하진 말자! 바티칸에 들어가기 위해 길게 늘어선 줄은 당신의 인내심을 시험하겠지만,

헤르쿨라네움에서 발굴된 휴식 중인 헤르메스 청동상

좁은 문을 지나 화려한 시스티나 성당의 천장화 앞에 서면 그 압도적인 아름다움에 숨이 턱 막힐 것이다. 로마의 보르게세 미술관, 베네치아의 아카데미아, 페기 구겐하임 현대미술관, 피렌체의 우피치 미술관 모두 보석 같은 곳들이다. 늘 관광객들로 인산인해를 이루는 베네치아와 피렌체, 로마 같은 관광지도 좋지만, 나폴리나 팔레르모를 비롯해 파두아, 시에나, 피사와 같은 작은 마을을 방문하는 것도 좋다.

보르게세 미술관 등 일부 미술관은 사전 예약해야 입장이 가능하다. 성당에는 복장 규정이 있어, 어깨가 훤히 드러나거

나 짧은 반바지를 입으면 입장이 불가하고, 예배 중에는 성당 안팎을 어슬렁거리면 안 된다는 것을 기억하자.

유적지

남부 이탈리아에는 고대 그리스 문명을 가장 잘 보존하고 있는 유적지가 있다. 바로 과거 고대 그리스의 식민 도시군이었던 마그나 그라에키아Magna Graecia(위대한 그리스라는 뜻)다. 가장 인상적인 신전으로는 나폴리 남부에 위치한 파이스툼이 있고, 시칠리아에는 셀리눈테, 아그리젠토, 세제스타 등 유명 유적지가 있다. 시칠리아의 수라구사의 원형극장은 세계 최대 규모를 자랑한다.

이탈리아의 문명이 어떻게 발전되어 왔는지를 알고 싶다면 도미니크회 수사가 관리하고 있는 로마의 산 클레멘테 성당을 방문해보자. 11세기에 지어진 성당의 위층은 로마네스크 양식의 모자이크와 르네상스식 벽화, 화려한 바로크 장식으로 꾸며져 있지만, 지하로 내려가면 4세기에 지어진 성당의 모습을 볼 수 있다. 지하에는 이탈리아에서 가장 오래된 것으로 판명

된 프레스코 벽화가 있다. 지하로 30m가량 더 내려가면 좁은 통로를 지나 1세기에 지어진 고대로마 가옥과 미트라스교 신전을 볼 수 있다.

로마제국의 영광을 보고 싶다면 폼페이와 헤르쿨라네움 유적지를 방문하자. 두 유적지 모두 79년, 베수비오 화산 폭발로 매몰된 도시로 1750년에야 발굴되었다. 만약 당신이 나폴리까지 내려갔다면 충분히 방문해볼 가치가 있는 곳들이다. 폼페이는 월요일부터 토요일까지 오전 8시부터 저녁 7시 30분까지 입장할 수 있으며, 모두 다 둘러보는 데는 대략 서너 시간이 소요된다.

음악과 극장

베르디와 푸치니의 나라답게 이탈리아에는 오페라하우스와 극장이 즐비하다. 세계 정상급의 오페라 공연을 즐길 수 있을 뿐 아니라, 만약 이탈리아어를 할 줄 안다면 루이지 피란델로 혹은 다리오 포 같은 이탈리아 유명 연극인의 연극을 즐길 수도 있을 것이다. 오페라는 12월에서부터 6월까지를 시즌으로 하지만, 여름철에도 노천극장에서 열리는 축제를 통해 감상할 수 있다.

콘서트를 여는 야외무대 중 가장 큰 규모를 자랑하는 곳으로 1세기에 건축된 베로나의 원형극장을 들 수 있다. '아레나'라는 이름으로 유명한 이곳은 최대 2만 5,000명의 관객을 수용할 수 있는 엄청난 위용을 자랑한다. 하지만 이런 아레나의 위용도 5만 명 관객을 수용했던 로마의 콜로세움에 비하면 한없이 작아 보이기만 한다. 가장 유명한 오페라하우스로는 밀라노의 라 스칼라La Scala 가 있다. 이탈리아에서 공연을 보고 싶다면 사전에 예약하도록 하자(www.musica.it). 베네치아의 라 페니체 극장은 www.teatrolafenise.it에서 예약하면 된다.

베네치아의 두칼레 궁전 앞 광장을 걷다 보면 18세기 복장을 한 호객꾼이 시내의 콘서트홀에서 열리는 베네치아 스타일의 바로크 음악 콘서트 광고지를 나눠준다. 관광객을 대상으로 하는 상술이긴 하지만, 대체적으로 음악은 훌륭하고 즐길 만하다. 콘서트를 보고 난 뒤 베네치아의 유명한 카페 플로리안에서 그라파까지 한잔 한다면 더할 나위 없이 좋을 것이다.

이탈리아에서는 음악제도 인기다. 가장 유명한 음악제로는 매년 6월과 7월에 열리는 스폴레토 음악제를 들 수 있다. 2월

밀라노의 라 스칼라 오페라하우스

에 열리는 산레모 가요제는 미국의 그래미 어워드 또는 영국의 브릿 어워드에 해당한다.

한여름이면 노천극장에서 열리는 음악제를 제외하고는 모든 오페라하우스와 극장 그리고 대부분의 영화관이 문을 닫는다. 대신 이탈리아 사람들은 즐길 거리를 찾아 밖으로 나가, 고전미 넘치는 궁전의 뜰에서 열리는 축제와 춤, 음악제, 도심 공원과 원형극장에서 상연되는 오페라를 즐긴다. 또한 여름은 수천 가지의 지역 축제가 열리는 시즌이기도 하다.

영화

이탈리아 영화는 위대한 전통을 가지고 있다. 로마의 '비아 마르게라'라는 거리에 가면 이탈리아의 유명 영화감독인 펠리니가 살던 집이 있는데, 집 밖에 기념 명판을 달아 펠리니를 기념하고 있다. 또한 로마의 치네치타 영화촬영 스튜디오는 이탈리아 영화감독 세르지오 레오네의 대표작이며 클린트 이스트우드를 스타로 만들어준 〈스파게티 웨스턴〉 시리즈가 만들어진 곳이기도 하다. 이탈리아에서는 거의 모든 외화가 더빙되어 상영되지만, 대도시에서는 이탈리아어로 더빙하지 않고 외

화를 원어 그대로 상영하는 극장을 찾을 수 있을 것이다. 1932년 시작되어 매년 8월과 9월에 열리는 베니스 국제영화제는 세계에서 가장 오래된 영화제로, 세계적인 행사다. 베니스 국제영화제의 황금사자상은 세계 영화계의 최고 권위를 자랑한다.

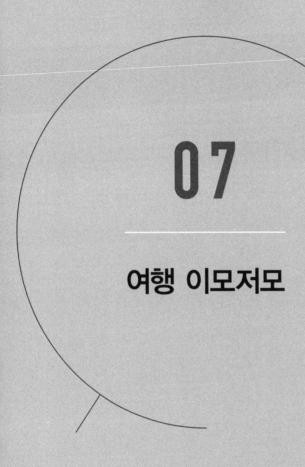

07

여행 이모저모

이탈리아의 대중교통 요금은 유럽의 기준에서 볼 때 상당히 합리적인 편이지만, 잦은 파업으로 인해 운행에 차질이 있는 경우가 많다. 이탈리아에는 국가가 운영하는 대중교통과 민영기업이 운영하는 교통체계가 공존한다. 민영기업이 운영하는 체계는 작은 마을이나 외진 마을에서 운영된다. 기차는 주로 국영기업이 운영하는 것이 많고, 비효율적이고 연착이 많으며 파업에 영향을 많이 받는다.

러시아 작가 니콜라이 고골은 그의 친구 주콥스키에게 이렇게 말했다. "이탈리아에 한 번 가게 되면 자기가 원래 알고 있던 다른 지역은 모두 잊어버리게 되지. 유럽이 우중충한 날이라면, 이탈리아는 햇빛이 쨍쨍한 화창한 날이야." 하지만 이탈리아를 찬양하는 것과 실제로 돌아다니는 건 분명 별개의 일이다.

'그랜드 투어'라는 여행이 영국 젊은 귀족들의 필수 교육과 정이었던 18세기, 그들은 이탈리아에서 '완벽한 신사'가 되는 법을 배웠고 베네치아, 피렌체, 로마, 나폴리는 그 교육의 핵심이었다. 영국 최초의 영어사전을 편찬한 영국인 사무엘 존슨은 이렇게 썼다. "이탈리아에 가보지 못한 남자는 남자라면 응당 봐야 할 것을 보지 못했다는 이유로 늘 열등감에 시달린다."

모두가 이야기하는 것처럼 이탈리아에는 봐야 할 것이 많다. 그렇다면 이제 문제는 어떻게 이탈리아를 누빌 것이냐 하는 문제로 옮겨간다. 좋은 소식이 있다면 오늘날 이탈리아를 여행하기는 그랜드 투어 시절보다 훨씬 편해졌다는 것이다. 이제는 산을 넘을 때 도적단의 습격을 걱정하지 않아도 되고, 머레이가 쓴 『Guide to Southern Italy』에 나왔듯 '도착한 첫날 주인과 가격을 협상'하지 않아도 된다. 하지만 여전히 이탈리아의 대중교통 시스템은 불안정한 것도 사실이다. 이탈리아를 여행하려는 당신에게 가장 필요한 것은, 이탈리아에서 늘 그렇듯 다소간의 융통성이다.

항공편 및 입국

이탈리아는 EU 가입국이므로, EU 시민이면 자유롭게 입출국할 수 있다. 많은 이들이 이용하는 이탈리아의 공항으로는 로마의 레오나르도 다빈치 공항('피우미치노'라고도 불림), 로마 참피노 공항, 밀라노 말펜사 공항, 밀라노 리나테 공항이 있다. 이탈리아의 국영항공사로는 2021년 알리탈리아 항공이 파산하면서, 새롭게 승계한 ITA$^{\text{ITA Airways}}$가 있다.

신원 등록

법으로 비 EU 국가의 국민이 이탈리아에 3일 이상 체류 시에는 경찰에 그 신원을 등록해야 한다. 이제는 그럴 필요가 없지만, 3개월 넘게 체류하려는 사람은 일반 입국 비자를 받아야 한다. EU 지역 이외 국가의 시민권자이고 90일 넘게 체류하는 경우, 입국 후 8영업일 이내에 체류허가증^{permesso di soggiorno}을 발급받아야 한다. 허가증은 이탈리아 경찰^{Questura} 관할인 출입국 관리 사무소^{Ufficio Immigrazione}에서 받을 수 있다. 이때 이탈리아의 공식 인장^{bollo}이 찍힌 공문서가 필요하다. 해당 서류의 도난이나 분실 시 이탈리아 헌병대 카라비니에리에 문의하면 된다.

이탈리아는 관료주의가 매우 심하므로 현지 경찰서^{Questura, Commissariato, 또는 Stazione dei Carabinieri}에 갈 일이 있다면 모든 절차가 원활하게 진행되는 지 알아봐 줄 이탈리아 친구를 동반하도록 한다.

어디에나 필요한 볼로

이탈리아에서의 삶에 중요한 부분을 차지하는 것이 바로 이 '볼로'라고 불리는 인지다. 볼로는 국가가 발행한 인지로, 관련 행정요금을 낸 것을 증명하기 위하여 공식서류나 신청서에 붙이는 종이표를 말한다. 볼로는 담배 가게라는 의미이지만 없는 게 없는 만물상이자 담배가게인, 타바키에서 구입할 수 있다.

타바키에는 카르타 볼라타$^{carta\ bollata}$ 혹은 카르타 우소 볼로^{carta} $^{uso\ bollo}$라는 이름의 관공서 용지도 구비되어 있으니, 해당 용지에 신청 내역을 작성하고 볼로를 부착하면 된다.

복잡하고 시간을 많이 잡아먹는 이탈리아의 관료주의 때문에 의뢰인을 대신해 서류를 처리해주는 전문 에이전시가 많이 운영되고 있다. 물론 서비스 이용 대금을 지불해야 하지만, 필요한 인지를 구입하거나 오랜 시간이 걸리는 줄서기를 대신 해주는 등의 전문 서비스를 제공해줘서 이용객들의 만족도가 무척 높다.

거주증명서

레지덴차$^{certificato\ di\ residenza}$(거주증명서)와 코디체 피스칼레^{codice} ^{fiscale}(세무번호)를 받을 때도 이런 전문 에이전시가 당신의 구세주가 돼 줄 것이다. 이탈리아에서 장기든 단기든 체류하게 된다면 반드시 레지덴차를 받아야 한다. 차를 구입하거나 가스, 전기 등을 신청하거나, 전화를 연결하려면 레지덴차가 반드시 필요하기 때문이다. 개인 신원번호로 쓰이는 코디체 피스칼레는 클럽에 가입하거나 은행 계좌를 열 때 등 다양한 상황에서 필요하다.

레지덴차를 얻으려면 기존에 발급받은 체류허가증과 신분증을 지참해 아나그레페Ufficio Anagrafe에 가서 지역 코무네comune에 신청해야 한다. 관련 볼로를 구입해서 가져가면, 공무원이 볼로를 서류에 부착해 접수해줄 것이다.

코디체 피스칼레를 받기 위해서는 여권 및 신분증을 지참해 지역 세무서에 가져가면 거기서 번호를 발급해준다.

이탈리아 사람들이 가지고 다녀야 하는 평균적인 서류뭉치를 생각하면, 이탈리아가 남성용 패션 핸드백을 처음 만들었다는 것도 어쩌면 당연하다.

대중교통 및 민영 교통체계

이탈리아의 대중교통 요금은 유럽의 기준에서 볼 때 상당히 합리적인 편이지만, 잦은 파업으로 인해 운행에 차질이 있는 경우가 많다. 이탈리아에는 국가가 운영하는 대중교통과 민영 기업이 운영하는 교통체계가 공존한다. 민영기업이 운영하는 체계는 작은 마을이나 외진 마을에서 운영된다. 기차는 주로 국영기업이 운영하는 것이 많고, 비효율적이고 연착이 많으며 파업에 영향을 많이 받는다. 하지만 최근에 만들어진 신식 기차는 최고의 편안함을 선사한다.

【기차】

이탈리아의 철도망은 국토 전역에 걸쳐 깔려 있고 이용이 편리하다. 기차에는 고속열차인 프레차로사[frecciaross]와 주요 도시를 잇는 일반열차가 있다. 파업이 잦은 편이니 사전에 열차 운행을 확인하고 기차표를 구매할 때는 좌석도 지정하는 것이 좋다. 파업은 여유 있게 시간을 두고 사전에 공지되니, 이탈리아 철도청 사이트(www.trenitalia.com)를 방문해 파업 여부를 확인하도록 하자.

국가 철도는 페로비아스타탈레[ferrovia statale]라고 부르며, 열차 시간표는 이탈리아 철도청 사이트(www.trenitalia.com)에서 확인할 수 있다. 이탈리아에 거주하고 있지 않은 사람이라면 최대 30일까지 기차를 무제한 탑승할 수 있는 이탈리아 레일카드를 구매할 수 있다. 또한 4일, 8일, 12일, 또는 한 달 단위로 이탈리아 내에서 기차를 이용할 수 있는 이탈리아 플렉시 카드도

나폴리 아프라골라의 고속철도역(자하 하디드 설계)

있으며, 기차역 매표소나 여행사에서 구입할 수 있다.

이 밖에도 다양한 유형의 기차가 다양한 가격대로 운영 중이니 확인해보자.

레프레체Le Freccie는 프랑스의 TGV에 해당하는 이탈리아의 최고급 고속 열차이다. 보통 남부의 풀리아에서 출발해 로마를 거쳐 밀라노까지 운행한다. 좌석은 사전예약이 필수다. 유로스타(이탈리아)는 펜돌리노와 마찬가지로 사전예약이 필요하며, 에스프레소espresso와 디레토diretto는 지역 간 근거리에 많이 운행되나 주요 기차역에만 정차한다. 로칼레locale는 천천히 달리다가 마을 기차역에 서서 오래 정차하는데, 시간이 충분하다면 재미있게 여행하는 방법이다.

대폭 할인해 판매하는 표도 많고 할인 종류도 다양하다. 기차에 탑승 후 기차표를 구매하면 20%의 추가요금이 부과된다. 기차가 출발한 후 빈 좌석이 있다면 자기 좌석이 아니라도 가서 앉을 수 있다. 꼭 기억해야 할 점은 여정이 시작되기 전, 구입한 기차표를 펀칭기계에 넣어야 한다는 것이다. 만약 펀칭하는 것을 깜빡했다가 역무원에게 발각되면 무거운 벌금을 물

로마 중심부와 피우미치노 공항을 연결하는 레오나르도 익스프레스 열차

어야 한다.

【 지하철 】

밀라노, 제노바, 로마, 나폴리, 팔레르모에는 노선이 도시 구석 구석까지 다 닿지는 않지만 지하철이 있다. 요금은 저렴하며, 버스나 트램 요금은 동일한 경우가 많다. 티켓 한 장이 보통 1시간 이상 유효하므로(밀라노와 로마는 75분, 제노바는 90분), 두 번 이상 탑승도 가능하다. 로마를 제외하고 이 유효시간은 버스와 지하철 간 환승에도 적용된다.

승차권은 지하철 역사의 승차권 구매 창구와 지하철 근처 신문 가판대 및 타바키('담배가게'로, 매점에 해당)에서 살 수 있다. 타바키를 의미하는 'T' 사인을 찾으면 그곳에서 티켓을 구입할 수 있다. 티켓은 1매 또는 10매 묶음으로 구입할 수 있고, 1일권과 1주일권도 판매되고 있다.

【 버스 및 장거리 버스 】

버스와 트램은 입구라는 뜻의 살리타^{Salita}라는 문구가 쓰여 있는 뒷문으로 탄다. 중간에 난 문은 보통 내리는 데 사용하며 우시타^{Uscita}라고 쓰여 있다. 버스나 트램에 탄 뒤에는 차내에

비치된 노란색 또는 주황색 기계에 티켓을 넣어 각인해야 한다. 버스나 트램에 탈 때마다 자리에 앉아 가기를 기대하지는 말자. 보통 차내는 매우 붐비고, 어른이 서 있다고 해서 어린이가 자리를 양보하지는 않는다. 혼잡한 차내에서는 소매치기에 유의하고, 내려야 할 정거장이 다가오면 '페르메소!^{Permesso}(실례합니다)' 혹은 '센도!^{Scendo}(내려요)'라고 외치자.

저렴한 요금의 도시 간 장거리 버스도 많은 이들이 이용한다. 장거리 버스 회사들은 주요 도시 내 가이드 투어도 제공해, 하루에 베네치아, 파두아, 피렌체를 함께 둘러보거나, 남부

• 줄 서기 •

이탈리아 사람들은 보통 질서정연하게 줄을 서지 않는다. 그러므로 이탈리아에서 줄을 설 때, 특히 남부에서는 사람들에게 밀리지 않기 위해 팔꿈치로 옆 사람을 살짝 밀어낼 각오를 하자. 그렇지 않으면 인파에 휩쓸려 한참을 더 기다려야 할 수도 있다. 불과 얼마 전 번호 대기 방식을 도입하기 전까지, 대부분의 관공서에서 일을 보기 위해서는 공무원과 눈을 마주치기 위해 안간힘을 써야 했다. 오늘날에도 어느 정도의 적극성은 필요하다.

의 로마와 나폴리, 폼페이, 소렌토를 묶어 둘러보는 것이 가능하다. 이제 막 도시에 도착했다면 도시 관광투어에 참여하는 것도 도시를 대강 파악하는 데 좋은 방법이다.

【택시】

이탈리아에서 택시로 이동하는 것은 흔한 일이지만, 거리에서 손을 흔든다고 택시를 단번에 잡을 수는 없다. 택시는 광장이나 역의 택시 승차장에 줄지어 서 있지만, 택시를 잡는 가장 좋은 방법은 호텔이나 레스토랑 바에서 전화를 거는 것이다. 요금은 미터기에 표시된다. 짐이 있거나 밤 10시가 넘었거나, 일요일 혹은 공휴일이면 할증이 붙고, 마을 밖으로 나가 장거리를 이동하거나 공항으로 갈 때도 추가요금이 부과된다. 팁을 주고 싶다면 미터기에 표시된 요금을 올림해서 주고 잔돈을 받지 않으면 된다.

【운전】

자, 이제 자동차에 대해 이야기할 차례다. 모두 알다시피 이탈리아의 교통상황은 악명이 높다. 차들이 속도를 내어 빨리 달리는 것은 물론, 주차공간이 부족한 까닭에 사람들이 좁은 도로에 빽빽이 차를 세워 다른 차나 동물, 보행자가 다니기 힘들 정도다. 횡단보도 신호를 지키는 사람은 거의 없다. "빨간불은 그저 참고만 할 뿐!"이라는 말이 있을 정도다. 자동차와 버스, 모터 달린 자전거들이 얽히고설켜 좁은 도로를 달린다. 허가받은 차량만 진입을 허용하는 로마의 구시가^{centro storico}와 아예 차량통행이 금지된 베네치아는 다니기가 아주 쾌적하다. 도시에 통행제한구역을 두어 운전자들이 도심 밖에 차를 주차해야만 하는 지역에는 베네치아 이외에도 움브리아와 토스카나의 언덕 마을이 있다. 오늘날은 거의 모든 도시의 구시가지에 차량제한구역이 지정되어 있고, 이 때문에 차량제한구역 밖의 정체가 심하다.

상대적으로 운전하기 쾌적한 프랑스와 스위스에서 이탈리아로 넘어온 운전자들은 이탈리아의 극심한 교통체증에 정신이 혼미해질 것이다. 이탈리아는 미국 다음으로 자동차 소유 인구가 많은데다 대부분 고층 아파트에 살고 있어, 집집마다 주차한 자동차들이 주변 도로와 인도를 빽빽이 메우고 있다. 이탈리아어로 자동차는 아우토모빌레^{Automobile}('모'에 강세)지만, 대부분 사람들은 자동차를 마키나^{macchina}(기계라는 뜻으로 '마'에 강세)라고 부른다.

최악의 교통체증으로 유명한 도시로는 피렌체와 나폴리를 꼽을 수 있다. 당신이 걷기도, 운전하기도 싫다면, 다행히도 대안이 있다.

스쿠터 대여

현지인들은 남녀노소 누구나 스쿠터를 탄다. 오토바이 운전에는 면허증이 필요 없다. 법으로 헬멧 착용이 의무화되어 있지만, 자유에 대한 속박이라고 생각하고 지키지 않는 사람들이 대부분이다. 종종 무리 지어 도시를 도는 스쿠터 운전자들을 볼 수 있다.

자전거 대여

큰 도시에서는 위험하지만 자전거는 대중적인 주말 스포츠다. 이렇게 자전거를 탈 수 있는 평지 지역은 포 계곡 하류, 만투아, 페라라, 파도바, 베로나, 루카, 파르마 등 조용한 교외 도시 등이다.

렌터카

주요 기차역이나 공항에 렌터카 사무실이 있다. 규정에 따르면 최소 19세 이상이 되어야 렌터카를 운전할 수 있고, 법에 따르면 운전면허를 취득하고 3년 이상이 되어야 시속 150km 이상으로 운전할 수 있다.

운전하기

이탈리아 사람들은 교통법규를 잘 어기고 규정 속도보다 빠른 속도로 운전할지는 몰라도, 안전은 상당히 중시하는 편이다. 종종 운전을 기가 막히게 잘하기도 하며, 이탈리아의 자동차 사고율은 유럽에서 절대로 가장 높지 않다. 이탈리아 운전자는 자기가 하고 싶은 대로 운전하기는 해도, 자동차 칠이 벗겨지는 불상사가 일어나지 않게 최대한의 주의를 기울인다. 하지만 속도위반 단속 카메라나 오토바이에 탄 경찰을 보지 않은 이상, 규정 속도를 무시하는 것도 사실이다. 그들에게는 '내가 먼저'가 규칙이며, 이에 적응하지 못한 외국인이 배려하는 운전을 하다 가는 사고를 일으킬 수 있다.

속도위반으로 적발 시 이탈리아 경찰과 교통경찰은 즉석에서 벌금을 부과한다. 그뿐만 아니라 자동차에 항상 비치해야 하는 관련 서류나 국제적으로 요구되는 필수 장비인 형광 안전복 또는 자동차 고장 시 설치해야 하는 안전 삼각대가 없

을 때에도 벌금이 부과된다. 적발 시 경찰은 당신의 파텐테 patente (운전면허증)와 리브레토libretto (자동차 등록 서류), 아시큐라지오네 assicurazione (보험), 그리고 카르타 베르데carta verde (국제보험)를 요구할

제한속도	
고속도로	시속 130km
중앙 분리 고속도로	시속 110km
시가지 외곽 지역	시속 90km
도심	시속 70km
시가지	시속 50km

것이다. 만약 비상상황이 발생하는 경우 문제해결에 더 쉬울 수 있도록 출국 전 국제면허증을 신청해 발급받아 가는 것이 좋다.

휘발유

주유소에 가면 유연 휘발유^{piombo}와 무연 휘발유^{verde}의 두 가지 휘발유를 볼 수 있다. 고속도로에 위치한 주유소를 제외한 일반 주유소들은 일요일 휴무와 평일 영업시간을 준수하는 편이다(5장 참조). 규모가 있는 도시에는 24시간 이용 가능한 셀프 서비스 주유소를 찾을 수 있을 것이다. 대부분의 주유소는 여전히 직원이 주유를 도와주는 시스템이지만, 팁을 기대하는 사람은 없다.

고장

자동차가 고장 났다면 견인 서비스를 이르는 아우토소코르소 ^autosoccorso를 부르고 ACI^Automobile Club d'Italia(이탈리아 자동차 클럽)에 전화를 걸어 도움을 청해야 한다. 경찰, 의사, 구급차를 부를 수 있는 긴급전화번호는 113이다.

주차

이탈리아인들은 평생 7년의 시간을 차 안에서 보내고, 그중 2년은 주차 자리를 찾는 데 쓴다고 한다. 그만큼 주차 자리를 찾기란 하늘의 별 따기라는 이야기다. 그러므로 도시에서는 자리를 찾는 즉시 주차를 하고, 목적지까지는 걷거나 대중교통 수단을 이용하는 것이 좋다. 견인 구역은 도로표지로 표시되어 있으며, 조나 디 리모지오네^Zona di Rimozione 또는 리모지오네 포르자타^Rimozione forzata라고 쓰여 있다. 견인된 차를 다시 찾아오는 비용이 매우 비싸다는 것을 명심하자.

거리에 주차할 때는 조심해야 할 것이 많다. 만약 밤사이 도로 청소가 예정되어 있는데 당신 차가 청소에 방해가 된다면 견인될 것이다. 또 주차 차량이 거의 없는 곳에는 주차하지 마라. 당신이 모르는 무언가를 다른 사람들은 알고 있는 것일

이탈리아 도로표지 안내	
Pericolo	위험
Alt/Avanti	정지/ 주행
Entrata/Usciata	입구/ 출구
Ralletare	서행
Senso unico	일방통행
Deviazione	차선 합류
Lavori in corso	공사 중
Limite di velocita	속도 제한
Divieto di sorpasso	통행 금지
Divieto di sosta	주차 금지
Parcheggio	주차

수 있다. 도로는 일주일에 한 번 청소를 하며, 모든 도로에는 청소 일시를 알려주는 표지가 달려 있다.

마지막으로 주차된 차는 이탈리아의 악명 높은 도둑의 표적이라는 사실을 잊지 말자. 차 안에는 그 무엇도 눈에 보이도록 놓고 내려서는 안 된다.

고속도로

총길이가 6,000km에 달하는 이탈리아의 고속도로는 대부분 유료도로다. 초록색 배경에 하얀색으로 쓴 A는 고속도로라는 뜻의 아우토스트라다autostrada의 약자이며, A 뒤에 숫자를 붙여 도로명을 표시한다. 고속도로에 진입할 때 통행권을 뽑았다가 고속도로에서 나올 때 요금을 정산한다. 카드로 요금을 내야 한다면, 비아카드Viacard 혹은 텔레파스Telepass라고 표시된 차선으로 진입하면 된다.

자동차 클럽

이탈리아의 자동차 클럽은 ACI라고 불린다. 차량이 고장 났을 때 수리 서비스를 지원하며, 이 서비스를 받고 싶다면 116으로 전화를 걸면 된다.

도로법

도로의 우측으로 주행하며, 로터리와 교차로에서는 왼쪽 차에게 무조건 양보해야 한다. 자동차 트렁크에 안전 삼각대를 넣고 다니는 것은 법적 의무이며, 자동차 관련 서류(면허증 및 자동차 등록증)도 항시 지참하고 다녀야 한다. 응급의약품과 여분의 경고등도 자동차에 마련해두어야 한다.

교통신호는 잘 지켜지지 않지만, 4~12세 사이의 어린이가 안전벨트를 하지 않은 것이 경찰에게 적발되면 벌금을 문다.

4세 이하의 유아는 반드시 유아용 카시트에 앉아야 하며, 그렇지 않을 경우 즉석에서 벌금이 부과된다. 적발 시 금액을 깎아보기 위해 결백을 호소하는 사람들이 많다. 벌금은 약 60일 간의 납부 유예기간이 주어지므로 그 안에만 내면 된다.

자동차 구입

자동차를 사려면 세무번호에 해당하는 코디체 피스칼레가 있어야 하고 지역 주민으로 등록이 되어 있어야 한다. 자동차 구입을 완료하려면 판매자를 대동해 지역 ACI에 가야 한다. 이탈리아어로 소유권 이전을 트라파소^{trapasso}라고 한다. 이탈리아에서 운전을 시작하려면 보험 가입과 도로세 납부가 필수다. 구입한 지 3년 이상 된 차는 정기점검을 받아야 하며, 이 점검이 개시된 후에는 2년에 한 번씩 재점검을 받는다. 점검 후 자동차 상태가 깨끗하다고 의미하는 볼리노 블루^{bollino blu}를 받는다.

고국에서 이탈리아에 자동차 가져오기

같은 EU 안에서라면 외국인도 자신의 차를 12개월까지 운전할 수 있고, 번호판이 GB로 시작되는 영국 등록 차량의 경우 6개월까지 운전할 수 있다. 하지만 이탈리아 현지에서 차량을 구입하는 것이 결과적으로는 시간 낭비를 덜고 비용도 더 저렴할 수 있다.

운전면허

EU 운전면허증을 소지하고 있다면 이탈리아에서 시간제한 없이 해당 면허증을 사용할 수 있다. 이탈리아에서 살기로 결정했다면, 계속해서 EU 면허증을 사용할 수는 있지만, 반드시 지역 자동차 등록처 또는 ACI에 가서 당신이 지역 주민이라는 사실을 증명하는 도장을 받아야 한다. B 등급 이상의 대형 차량을 소유한 경우에는 이탈리아 면허를 재취득해야 한다.

비 EU 시민의 경우 고국에서 취득한 운전면허증을 이탈리아어로 번역해 제출 시 1년까지 운전할 수 있다. 하지만 이탈리아 운전면허시험을 보지 않으려면, 그 1년이 소진되기 전 혹은 체류허가증을 받기 전에 기존의 면허를 이탈리아 운전면허로 변경해야 한다.

하지만 많은 외국인 운전자들이 이탈리아 운전면허를 받는 대신, 매년 국제면허증을 새로 받는 편을 선택한다. 이탈리아 운전면허는 취득에 오랜 시간이 걸리고 과정도 복잡하기 때문이다. 운전면허는 코뮤네 혹은 뮤니치피오(시청)에서 발급해준다. 먼저 고국의 운전면허증을 이탈리아어로 번역한 서류와 작성을 완료한 '카르타 우소 볼로'라는 관공서 용지 그리고 필요한 만큼의 볼로를 구입해 프레투라^{pretura}에 가서 공증을 받는다. 그런 뒤 여권용 사진 3장을 가지고 코뮤네에 가서 사진 중 한 장을 공증 받는다.

운전면허증을 받으려면 건강증명도 받아야 한다. 신체검사서와 빈 진단서를 가지고 가서 가정의의 서명을 받자. 이 진단서에 볼로를 구입해 붙이고, 사진을 부착한 뒤 USL^{unita sanitaria locale}에 가서 시력검사를 받고 진단서에 서명을 받아야 한다.

자, 여기까지 마쳤다면 이제 고국의 운전면허증과 그 사본, 우체국 수납 지로 고지서, 또 다른 볼로를 구입해서 지역 자동차 관리소^{motorizazzione civile}를 방문해야 한다. 이탈리아 운전면허를 취득하기 위해서는 총 다섯 가지 서류를 받아야 한다. 다행히도 오늘날 ACI를 통해 모든 걸 해결할 수 있다.

【페리】

이탈리아에는 아름다운 섬과 호수도 많다. 해안선이 7,500km 에 이를 만큼 물과 많이 닿아 있는 도시이다 보니 훌륭한 페리 서비스를 즐길 수 있다. 가장 인기 있는 페리 노선으로는 나폴리에서 카프리, 나폴리에서 이스키아섬까지의 노선을 들 수 있다. 쾌속선으로 나폴리에서 시칠리아까지는 5시간 30분 이 소요된다.

08

비즈니스 현황

이탈리아는 상부에서 의사결정이 내려지는 나라다. 따라서 당신이 원하는 일을 이루기 위해서는 회사의 대표 또는 회장과 이야기해야 한다. 여러 지부를 둔 대규모의 조직에서 적절한 의사결정권자를 찾기란 어려울 수 있다. 기업의 업무 흐름도나 조직도도 보여주기용으로 작성된 것이 많아, 실제 책임소재는 물론 보고 라인도 파악하기 힘든 경우가 많다.

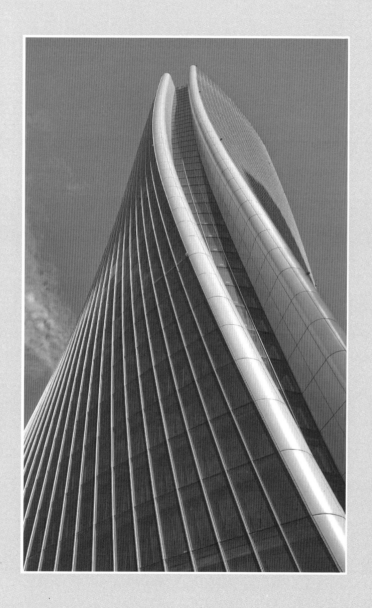

이탈리아의 제조업자와 중간 상인, 기업가들은 뛰어난 능력을 갖춘 생산자이며 기획자, 판매원으로 국제적으로 사고하는 데 단련된 이들이다. '메이드 인 이탈리아'는 패션, 자동차, 식료품, 백색 가전제품의 뛰어난 디자인과 품질의 상징이다. 1950년대 이룩한 '경제 기적'으로 많은 이탈리아 기업들, 특히 가족기업들이 예전보다 탄탄해질 수 있었다.

이탈리아는 유로존에서 세 번째로 큰 경제 대국이며 세계에서 GDP가 12번째로 높다. 통계와 소득 신고에 포함되지 않은 경제 활동이 전체의 1/3 정도로 추정되는 것을 감안하면, 이탈리아의 경제 규모는 이보다 더 클 수 있다.

이탈리아의 기업

이탈리아 경제는 정부 부문과 민간 부문으로 나뉘며, 민간 부문은 대기업과 중소기업으로 이루어져 있다.

【 정부 부문 】

이탈리아 정부는 지난 20년 동안 국영기업을 민영화했지만,

여전히 재계에 간접적인 역할을 하고 있다. GDP 중 정부 지출이 차지하는 비중은 EU 내 최고 수준이며, 노동인구 5명 중 1명은 공공부문에 종사하고 있다.

【 민간 부문 대기업 】

민간 부문은 소수의 가족들이 창업한 대기업 그룹이 지배하고 있다. 이탈리아 기업인들의 비공식 모임, 살로토 부오노의 구성원인 베를루스코니, 아넬리, 피렐리, 베네데티가 소유한 기업들이 바로 그 주인공으로 이들은 산업계 전반에 막강한 영향력을 행사하고 있다. 여기에는 이탈리아의 대표적 브랜드인 피아트, 베네통, 베르사체, 아르마니, 올리베티 등이 포함되어 있다. 하지만 최근 들어 창립자가 은퇴하고 세상을 떠나면서, 이들 기업의 이익도 급감하고 있다. 거기에 전문적인 경영으로 무장한 불가리 같은 기업들도 이들의 뒤를 바짝 쫓고 있어 위기에 놓여 있다고 할 수 있다.

【 민간 부문 중소기업 】

대부분 사업체는, 특히 북부에서는 아버지가 그 자녀에게 물려주는 중소 규모의 가족기업이다. 이런 중소 규모의 가족기업은 공공부문보다 높은 생산성을 보인다. 이들은 은행업무와 노조, 세금을 피하기 위해 현금 결제를 선호하고 주로 가족과 친구를 고용한다. 하지만 최근 이들 기업은 더 낮은 원가로 더 많은 생산을 하는 데다 기술 혁신에 투자할 자원까지 겸비한 이탈리아 및 외국 대기업과의 치열한 경쟁에 직면해 있다. 중소기업들이 이 경쟁에서 불리한 이유는 이들 기업은 보통 연구개발에 투자할 여력이 없고, 공공기관의 비효율성이 주는 피해를 고스란히 감내해야 하기 때문이다. 이탈리아 기업의 90%가 종업원 수가 15명 미만인 중소기업체다.

경제에 있어 이탈리아의 남부와 북부는 현격한 차이를 보인다. 참고로 이탈리아 남부^{Mezzogiorno}는 보통 로마 남쪽(일부는 로마도 이탈리아 남부에 속한다고 이야기한다!)에서 시작된다고 간주된다. 보통 북부 사람들은 재물에 더 관심이 많고, 남부 사람들은 권력과 인생을 즐기는 것을 더 중요하게 생각한다고 알려져 있다. 북부의 실업률은 5% 내외지만, 남부의 실업률은 22%에 이른다. 북부 사람들은 남부 사람들이 자신들의 국고보조금과 지원금을 훔쳐가고 있다고 비난하고, 남부 사람들은 북부 사람들이 자신의 노동력을 착취하고 여유자금을 노동자가 아닌 공장에 돌리고 있다고 비난한다.

기업구조와 조직

이탈리아 기업은 회장을 수장으로 하고 그 아래 이사회가 운영하는 구조로 이루어져 있다. 최고경영자는 기업 운영의 총책임자로, 각 부서의 대표에게 보고를 받는다. 이탈리아는 상부에서 의사결정이 내려지는 나라다. 따라서 당신이 원하는 일을 이루기 위해서는 회사의 대표 또는 회장과 이야기해야 한다. 여러 지부를 둔 대규모의 조직에서 적절한 의사결정권자를 찾기란 어려울 수 있다. 기업의 업무 흐름도나 조직도도 보여주기용으로 작성된 것이 많아, 실제 책임소재는 물론 보고라인도 파악하기 힘든 경우가 많다.

기업 내 실제 위계는 조직 전반에 걸쳐 자기편으로 만들어 놓은 사람들의 네트워크를 따른다. 상사가 누구냐에 따라 부서마다 전혀 다른 스타일을 보일 수 있다. 이탈리아 기업에서 관리자가 보이는 주요 특성으로는 융통성과 실용주의를 꼽을 수 있다. 즉 이탈리아 상사는 프로토콜과 법칙, 절차에 지나치게 의지하지 않고, 어쩌면 무시하고 필요한 일을 처리한다는 뜻이다.

기업재무 및 기업지배

기업은 창립 시 보통 은행이 아닌 기타 자금출처에서 투자 준비금을 마련한다.

은행은 상업기업을 소유하지 못하게 되어 있고, 단기 융자와 은행대출상품을 제공하는 은행은 중기 대출을 제공하지 못한다. 이탈리아에는 중장기 대출을 제공하는 금융기관이 따로 있다. 이탈리아의 중앙은행인 이탈리아은행 외에도 전국적인 은행이 몇 개 있으며, 지역별 은행도 많다. 이탈리아는 유럽에서 가장 개인저축을 많이 하는 나라다.

15세기 최초로 회계를 발달시킨 나라답지 않게 이탈리아의 회계 감사관들은 회사의 장부와 다르게 보고서를 작성하는 것으로 악명이 높기로 유명하다. 실사를 할 때는 독립 감사관을 고용할 것을 권장한다.

노사관계

이탈리아의 직장인들은 업무의 압박이 있으면 긴 시간 근무하지만, 보통은 근무 시간을 융통성 있게 활용한다. 임원들은 아침 일찍 출근해 늦은 시간까지 사무실에 남아 있는 경우가 많다.

종업원이 15명 이상인 회사는 무조건 노동위원회를 설치해, 회사의 투자 계획과 노동자들의 근무조건을 감독한다. 추정에 따르면 이탈리아 노동인구의 40%가 노조에 가입해있다고 한다. 이탈리아의 대부분 노조는 정치적인 색깔이 짙다. 주요 노조로는 이탈리아노동자총동맹[CISL], 이탈리아노동총동맹[CGIL], 이탈리아노동조합연합[UIL]이 있으며, 이들 노조는 각각 기독교민주당, 공산당, 사회민주당파와 연계되어 있다. 이 밖에도 규모가 작은 노조와 노동자평의회가 있어 공공부문의 잦은 파업을 일으키고 있다. 추정에 따르면 이탈리아 노동시장의 25%는 통제받고 있지 않다.

계획

이탈리아 기업은 계획이 아닌 기회와 리스크를 즐기며, 장기분석에 치중하기보다 니치마켓을 파악하고 곧장 그 시장에 뛰어든다. 이는 이탈리아 기업들과 장기적인 협력관계를 맺는 게 어려울 수도 있음을 의미한다. 장기 전략에 대한 편견과 선입 견이 있으며, 그보다는 단기적이고도 꾸준한 이윤을 중시한다.

리더십

대부분의 나라에서 리더십의 중요한 기준은 의사결정 능력 이지만, 이탈리아에서 리더십의 중요한 기준은 바로 아우토 리타[autorita], 아우토레볼레차[autorevolezza] 또는 아우토리타리스모 [autoritarismo]라고 표현되는 권력 또는 권위다. 개인이 개입되지 않 은 조직적 매커니즘은 별 효용이 없다. 이는 상사가 신뢰하는 직원에게 권력이 주어진다는 것을 의미한다. 기업 내 관리자는 그 사람이 그 자리에 걸맞은 능력과 기술을 가지고 있는지의 여부와는 상관없이 상사가 함께 일하고자 하는 사람으로 정해 진다.

【상사의 역할】

밀라노의 법률회사에서 일하는 한 이탈리아인 시니어 파트너는 "자신은 상사의 노예일 뿐"이라고 말한다. 경제의 기본 모델이 가족경영 기업인 나라답게, 이탈리아의 경영 스타일은 권력과 권위에 의존한다. 결정은 윗사람이 내리고 아랫사람은 그 결정을 행동으로 옮기는 것이다.

상사는 회사의 정책과 결정을 홀로 짊어지고 있지만 그에게 기대되는 역할은 그게 다가 아니다. 사람들은 상사에게 직원에 대한 인간적인 관심을 보일 것을 기대한다. 또한 상사는 유쾌해 친해지기 쉬우면서도 카리스마 있고, 창의력 넘치며 '벨라 피구라'를 갖추고 있어야 하고, 일관성 있고 믿을 수 있어야 한다.

이탈리아의 상사들은 직원들을 이끌고 직원 간의 다름을 정확히 파악해야 한다는 기대를 받는다. 직원들은 계약서에 나와 있어서가 아니라, 개인적으로 상사를 존중하기 때문에 상사에게 충성한다. 대체적으로 직원들은 권위에 의구심이 많고, 자신이 동의하

지 않는 업무 방식에는 불만을 제기한다.

이탈리아식 리더십의 중요한 부분으로 실행과 통제를 꼽을 수 있다. 단순히 지침과 절차를 제시하는 것만으로는 충분하지 않다. 또 사람들의 동의를 얻고 합의를 도출해야 하며, 설득하고 포기하지 않고 일을 추진해야 한다. 꼼꼼하게 후속 관리를 하는 것도 필수적이다. 이 과정에서 직원들의 능력과 창의력이 향상되고, 열심히 일하게 된다. 하지만 중요한 것은 상사가 그의 개인적인 시간을 업무에 대단히 많이 투자해야 한다는 것이다.

이탈리아 회사와 거래할 때 첫 번째로 해야 할 일은 그 회사의 권력 체계를 정확히 파악하는 것이다. 형식적으로 바깥에 알려져 있는 체계는 실제 권력과 의사결정 구조를 반영하고 있지 않을 수 있음을 항상 염두에 둬야 한다. 가족, 결혼, 재산을 기반으로 하는 집단이 권력을 쥔 경우가 많다. 누가 권력을 쥐고 있는지 파악하는 가장 좋은 방법은 상대편 회사 사람들을 사귀고 함께 어울리며, 항상 당신의 인간적인 면모를 보여주는 것이다. 사람들에게 호의를 베풀고 매력적인 모습으로 늘 유연한 자세를 유지하자.

차갑고 딱딱한 관료주의적인 모습으로는 일이 잘 풀리지 않을 것이다. 매사에 정석대로만 행동하려고 해도 마찬가지다. 앞서 말한 대로 이탈리아 사람들은 누구나 저마다의 인간적인 약점을 하나씩은 가지고 있다고 생각한다. 그리고 이는 이탈리아의 관리자가 그 상대가 누구든 따끔한 한마디를 하거나 도덕 강좌를 펼치지는 않을 것임을 의미한다. 모두 여기저기 참견하지 않는 데가 없다는 것을 알면서 한 가지 핵심 비즈니스에 집중하기란 어려운 일일 수 있다. 하지만 바로 그렇기 때문에 핵심이 아닌 주변 비즈니스에 관여하다가 예상치 못한 성공을 맛볼 수도 있다.

상사는 직원을 호의적으로 대하고 언제든 필요할 때면 직원이 자신을 찾을 수 있게 행동하는 것과 직원과 너무 친해지는 것 사이에서 아슬아슬한 줄타기를 해야 한다. 상사는 공식적인 목표를 달성하기 위해 필요한 사람이 아니라 자신이 신뢰하는 사람에게 권한을 위임한다. 업무 평가나 근무 지시는 거의 이뤄지지 않는다. 이탈리아 기업에서 중요한 지표는 바로 현금의 흐름, 총매출 그리고 벌어들인 총이익이다.

【 관리자의 역할 】

관리자의 맡은 바는 직원들이 진행 중인 프로젝트에 최선을 다할 수 있도록 카리스마를 보이고, 프로젝트를 시행함에 있어 필요한 추진력과 능력을 보이는 것이다. 관리자의 이런 능력 없이는 프로젝트는 반드시 실패하게 되어 있다. 절차와 사업계획만으로는 이룰 수 있는 일이 거의 없다.

국제기업에서 근무하며 국제적 교육을 받은 관리자들은 국제적인 절차에 따라 업무를 처리하지만, 아버지와 자녀가 경영하는 가족기업, 그중에서도 특히 토스카나 지방과 에밀리아 로마냐주의 기업들은 국제기업보다 훨씬 개인적인 기준에서 협상을 진행한다. 이런 기업에서는 불명확한 역할과 책임을 바탕으로 위계질서가 세워지고, 보고체계 등은 개인적인 인맥에 따라 달라진다. 이탈리아의 관리자들은 절차와 규칙을 흔히 무시하고 그 대신 자신이 함께 일하기로 선택한 사람들의 능력과 신뢰도를 믿는다. 또한 직원들을 개인적으로 밀착 관리 감독하여 해야 할 일을 해내게 만든다.

이탈리아 회사에서 전략적인 계획은 찾아보기 힘들다. 회사 임원들은 자신들의 목표를 알고 어떻게 그것을 달성해야 할지 대충 파악하고 있다. 계획이 있다 하더라도 이를 모두에게 알리지는 않는다. 이탈리아 관리자들이 가지고 있는 주요 능력은 기회를 포착하고 그 기회를 놓치지 않는 것이다.

이 전략이 합작에 시사하는 바는 분명하다. 곧 이탈리아 회사와 성공적인 비즈니스 관계를 맺으려면 뿌리 깊은 자신감을 가져야 한다는 것이다. 하지만 그렇게 다진 관계도 합작으로 수익이 나는 동안만 유효할 확률이 높다. 이탈리아 회사에서 수익이란 네트워킹과 가까운 인맥으로 달성하는 것이다. 외국인 관리자는 이런 사실을 받아들이고 나아가 즐기는 법을 배워야 한다.

의사결정

개인이 원하는 대로 할 수 있는 이런 경영 체계에서 업무 관련 부서 또는 부하 직원에게 권한이 위임될 리 만무하다. 권한은 개인의 소속부서와는 상관없이 상사가 신뢰하는 개인에게 위임된다. 피드백과 평가는 개인적으로 전달되는데, 개인적인 비판을 해도 되는 때는 그때가 유일하다. 이탈리아 회사에서 공식적인 평가는 수행하기가 쉽지 않다. 목표 달성 여부는 수익, 현금 흐름, 수익에 대한 기여도에 따라 평가된다.

이탈리아 사람들은 자신이 직관적인 결정을 내리는 데 뛰어나다고 생각하고, 자신의 직감을 뒷받침할 근거를 찾기 위해 폭넓은 의견을 구하고 듣는다. 초반 결정을 신속하게 내린 뒤 논의를 거쳐 결정을 변경하는 경우도 왕왕 있다. 그리고 의사결정에서 항상 빠질 수 없는 것으로 개인적인 감정과 인맥을 들 수 있다.

외국인 관리자는 순전히 숫자나 사업계획만으로 의사결정을 내리거나, '흑과 백'의 이분법적 사고를 바탕으로 결정을 내리는 것은 이탈리아식이 아니라는 것을 알아야 한다. 이탈리아의 의사결정에는 정치적, 경제적, 개인적인 요소들이 모두 함께 어우러져 영향을 미친다.

팀워크

팀워크 또한 의사결정과 마찬가지로 상의하달식으로 이뤄진다. 가족, 상호 의무, 상호 신뢰 등은 팀원들을 묘사할 때 실제 많이 사용되는 단어. 팀은 연공서열과 경험을 바탕으로 지명된 팀장 아래 전문가 팀원들로 구성되며, 팀장은 반드시 팀원들의 존경을 받아야 한다.

팀 내 위계질서는 중요하며, 나이가 상대적으로 어린 팀장의 경우 자신의 존재감을 드러내기 어려울 수 있다. 여기에서도 다시 한번 가족 모델이 해결책이 될 수 있다. 나이가 든 팀원이 나이 어린 팀장의 '대부'가 되어 일의 절차 등에 대해 조언을 해주는 것이다. 만약 그렇게 하지 않고, 팀장이 팀원들이 열심히 일하게 만드는 데 실패했다면 최악의 상황이 일어날 수 있다. 나이가 있는 선배 직원들이 어린 팀장의 기반을 무너뜨리기 위해 절차와 장치 등 가능한 모든 방법을 동원할 것이기 때문이다. 이런 경우 유일한 해결책은 당사자들을 팀에서 방출하는 것이다.

팀장과 팀원은 잦은 회의와 대화를 통해 꾸준하고 안정감 있는 속도로 함께 일을 진행해 나가고, 서로가 함께 일하는 것에 만족한다. 이탈리아 회사는 업무시간을 유연하게 운영하고, 동기부여를 해칠 수 있다는 이유로 지나친 계획은 지양한다. 동료들과 좋은 관계를 유지하는 책임은 각 팀원에게 있다. 이탈리아 직장인에게 중요한 것은 업무에 대한 열정을 보여주고 세심한 배려로 다른 사람을 상대하는 것이다. 또한 다른 팀의 팀원들과 어울리고 세련된 유머감각을 유지하며, 매사에 긍정적인 태도를 가져야 하고, 가장 중요하게는 조직 및 상사에게 충성심을 가져야 한다. 당신이 일의 계획과 추진에 있어 도움을 준다면 이탈리아 회사 팀도 당신의 지원을 반길 것이다. 마감일은 정하긴 하지만 지켜지지 않는 경우가 많다.

동기부여

이탈리아 회사에서 팀에게 동기를 부여하는 자에게 사내 직원들과의 관계가 얼마나 중요한지는 충분히 강조했다고 생각된다. 이는 특히 남부에서 더욱 그러하다. 소속 팀에 충성하고 감정에 호소하는 이탈리아 직장인을 보기란 어렵지 않다. 관리자로서 팀의 성공에 도움이 될 목표를 제시하고, 팀원들이 각자의 개인적 목표를 달성하는 데 도움을 줄 수 있다면, 당신은 성공할 수 있을 것이다.

경영 언어

이탈리아에서 사업을 운영하는 데 화려한 화술은 매우 중요하게 작용한다. 대부분의 관리자들은 훌륭한 언변을 자랑한다. 말하는 스타일은 다소 권위적이지만, 말투는 보통 다정하고 상냥하며, 하고 싶은 이야기도 완곡하게 이야기하는 경우가 많다. 그래서 외국인들은 상대가 말한 요지를 살짝 다르게 해석하기 쉽다.

피드백 및 의견 충돌 시 해결법

이탈리아인들이 언제 어디서나 날을 세워 상대에게 맞서는 것은 아니지만, 상대에게 직접적으로 비판을 받은 경우에는 자신이 가진 모든 것을 동원해서 반격할 수 있다. 변덕이 심하다거나 체계적이지 못하다는 비판을 받으면 특히 민감하게 반응하니 유의하자.

이탈리아 북부에서는 피드백을 많이 줄 때 지면을 주로 사용하지만, 남부에서는 구두로 피드백을 주는 것이 보통이다. 이탈리아인들이 피드백을 주고받을 때 가장 큰 특징을 꼽자면 그 시간에 개인적인 감정에 대해 묻고 또 그것을 표현할 수 있다는 것이다. 의견 충돌이 있을 때는 대면 회의를 갖는 것이 중요하다. 이탈리아 사람들은 뜻만 좋다면 어떠한 문제도 해결할 수 있다고 생각한다. 이탈리아 관리자는 개인적인 차원에서 당신에게 도움을 요청하기도 하고, 해결책을 찾기 위한 열의를 보여주기도 하며, 당신이 원하는 대부분의 정보를 제공해 줄 것이다. 상대의 기분에 유연하고 열린 자세를 취하는 것이 중요하다는 것을 잊지 말자.

의사소통 스타일

이탈리아 사람들은 구두로 정보를 교환하는 데 능한 반면, 메모, 메일, 서류를 읽고 쓰는 데는 상대적으로 취약하다. 상대 이탈리아 회사와 의사소통할 때는 서면을 통하는 것보다 전화를 하는 것이 훨씬 좋은 방법이다. 많은 임원들이 이제 곧 서류를 작성할 것이라든가 이미 작성했다는 이야기를 하려고 다시 전화를 걸 정도니 이들에게는 글보다 말이 훨씬 편한 게 분명하다. 전체적으로 보면 서면 의사소통은 반드시 구두 의사소통으로 보완해야 한다. 남부로 내려갈수록 더욱 그렇다.

　이탈리아 사람들은 아이디어에 대해 길고 장황하게 늘어놓는 걸 좋아하지만 사실 근거는 부족할 때가 종종 있다. 또한 확신에 차서 직설적으로 이야기해 상대를 무시하는 무례한 사람이라는 인상을 주기도 한다. 오히려 '아니'라고 간단히 말하는 것이 가장 예의 바른 표현일 정도다. 하지만 늘 다른 가능성을 위한 문을 열어두자.

이탈리아인은 뛰어난 화술을 중요하게 생각하며, 자신의 생각을 강조하기 위해 몸짓 언어를 흔히 사용한다. 또한 격양된 표현이나 감정적 언어를 사용하고, 자기 자신에 대해 이야기할 때는 꽤나 창의적인 표현을 사용하는 편이다. 긍정적인 관점을 강조하기 위해 '틀림없이', '환상적인', '완전히'와 같은 단어를 즐겨 사용한다.

상대의 말이 끝나지 않았는데도 자기 할 말을 하거나, '핑퐁'식 대화를 하는 광경을 흔히 볼 수 있는데, 목소리가 상당히 큰 편이다. 이탈리아인들은 나 자신과 가족, 성공 이력에 대해 이야기하고 현재의 감정을 드러내는 것을 상대와 관계를 쌓는 방법으로 여긴다. 활기 넘치는 논의와 논쟁도 가치 있게 여긴다. 다른 사람 앞에서 자기 회사를 비판하거나 회사의 계획과 목표에 대해 농담을 하는 사람도 흔히 볼 수 있다. 공개적으로 서로 다른 의견을 논하거나 같은 의견을 도출하는 광경도 흔히 볼 수 있는데, 점잖게 이야기를 개진하는 것이 보통이다. 반대의견을 낸다 해도 그것이 최종의견이 되는 경우는 거의 없다. 항상 문제를 해결하는 방법을 찾아내고야 말기 때문이다. 이탈리아인들은 상대에게 자주 사과한다. 아주 사소한 일에도 마찬가지다. 이를 예의라고 생각하기 때문이다.

이탈리아인과 사업상 만나 이야기를 나눌 때 성공을 거두는 가장 좋은 방법은 인간으로서 당신을 어필하는 것이다. 책임감 있게 행동하고 항상 웃으며 상대에게 관심을 보이라. 다른 사람들의 문제해결을 도와줘도 좋고, 일단 상대와 관계를 형성하면 당신의 경험담을 말해줘도 좋다. 상대와 항상 눈을 맞추고 신뢰할 수 있는 말투를 사용하라. 그리고 사람들과 사적으로 가까워지는 것을 목표로 하라.

편안한 몸짓 언어를 사용하고 항상 미소 지으려 노력하라. 개인적 관계를 형성하는 것이 경제적인 이익이나 수익에만 집중하는 것보다 훨씬 가치 있다는 것을 기억하자. 지나치게 확신에 차 이야기하거나, 지나치게 솔직하거나 직설적인 태도를 취하지 마라. 이탈리아 사람들의 눈에는 교양 없게 보일 수 있다. 자신감 있고 긍정적인 태도는 중요하지만 지나치게 자세한 지침이나 자랑은 삼가도록 하자. 또한 이탈리아를 비판하는 것을 삼가라. 이탈리아인들이 자기 나라를 비판해도 당신은 그래서는 안 된다.

거래 관계 만들기

이탈리아 사람들은 원래 알던 사람들과 거래하길 선호한다. 타인에게 차가운 프랑스인들보다는 열린 마음으로 낯선 이들을 대하지만, 이탈리아 사람들은 유명한 개인 또는 사무실의 추천을 받은 새로운 파트너를 선호한다. 여기에는 고객, 상공회의소, 대사관, 무역박람회를 통해 얻은 개인 연락처 등이 포함될 수 있다. 최초 접촉은 공식적인 서한을 보내는 것으로 시작해야 하지만, 서한을 보낸 뒤에는 전화와 직접 방문 등의 방법을 통해 서한을 보완해야 한다. 이탈리아 회사에 영어로 서신을 보내도 중소기업의 경우에는 답장을 이탈리아어로 보내는 경우가 흔하다. 상업적이면서도 관료적인 이탈리아 회사는 각자 자신만의 용어를 쓰는 경우도 있으므로 전문 번역 에이전시의 도움을 받아야 할 수도 있다. 불필요하게 일이 지연되는 것을 막기 위해, 첫 서한은 이탈리아어로 보내는 것이 좋다.

이탈리아 상사들, 특히 가족이 경영하는 기업의 상사들은 외국어를 하지 못하고 회사 내 영어를 구사할 수 있는 직원은 말단 부하직원인 경우가 많다. 협상 시 이탈리아 측 임원은 종종 영어를 상당히 잘하는 자기 부하직원을 통역사로 대동한다. 이 경우 대화할 때 통역을 해주는 부하직원이 아니라 임원을 바라보고 이야기하도록 주의해야 한다.

이탈리아인들은 휴일을 중요하게 생각하고, 이에 따라 7월 중순부터 8월 말까지는 모든 것이 느려질 수 있음을 기억하자. 이탈리아는 다른 라틴국가보다는 공휴일이 적은 편이지만, 도시마다 수호성인의 기념일, 지역 축제가 있고 해당 일에는 모든 곳이 문을 닫는다.

영업시간

남부와 북부의 영업시간이 다르다. 북부에서는 보통 월요일부터 금요일까지, AM 8:30~PM 12:45, PM 3:00~6:00 또는 6:30까지 영업한다. 중부 및 남부 이탈리아에서는 더위 때문에 AM 8:30~PM 12:45, PM 4:30 또는 5:00~PM 7:30 또는 8:00

까지 영업하고, 토요일에도 AM 8:30~PM 12:45까지 영업하는 곳이 많다. 많은 이탈리아인들이 직장 근처에 살면서 점심시간이 되면 집으로 가서 식사한다.

이탈리아 회사 방문 준비

이탈리아의 비즈니스는 사회적인 면과 보여주는 면이 있다. 이탈리아 회사를 방문할 때는 '벨라 피구라'를 보여주는 것이 중

요하다는 것을 잊지 말자. 수수하되 스타일리시한 옷을 챙겨 입고 품질 좋은 구두를 골라 신자. 이탈리아인들에게 맵시 좋은 옷은 사업 성공을 가늠하는 지표이며, 캐주얼한 옷마저 패셔너블하고 시크해야 한다. 여성의 경우 바지를 입어도 괜찮지만, 역시나 잘 재단

되고 스타일리시한 옷을 입어야 하는 것은 마찬가지다. 괜찮은 서류가방을 들고, 좋은 손목시계를 차자. 좋은 볼펜에는 이목이 집중되겠지만, 꾀죄죄하고 낡은 볼펜에는 더 시선이 집중될 것이다! 사업 서류와 함께 가족사진도 챙겨가자. 서류는 깔끔한 폴더에 정리해 가야 한다. 이 모든 것이 스타일리시한 인상을 연출하기 위한 방법이다.

이탈리아의 명함은 보통 하얀색 배경에 검은색 글씨로 내용을 쓴다. 대체로 명함에 기재된 정보가 적을수록 더 중요한 인물이다.

【 선물하기 】

특별히 도움을 많이 받은 직원에게 작은 선물을 하는 것이 보통이므로, 적절한 회사 차원의 선물을 준비하자. 여행용 알람시계, 펜, 은 열쇠고리, 다이어리, 계산기 등이 좋은 예다(모두 브랜드 제품을 선택하되 회사 로고를 새기지는 않도록 주의하라).

당신도 아마 이탈리아 회사로부터 우아하고 적당한 '회사' 선물을 받을 것이다. 일부 이탈리아 회사들은 자체적으로 매우 수준 높은 소책자와 제품을 만들기도 한다. 이런 선물을 받았을 때는 절대 거절하지 말도록 하자. 아무리 무겁고 집에 가져가기 불편한 선물이라도 말이다!

첫 회의

이탈리아 사람들은 한담을 중요하게 여긴다. 사람들은 당신에게 당신의 가족과 출신 배경에 대해 소소한 질문을 던질 것이다. 부분적으로 이는 당신이 사회적 책임이 있는 사람이고, 그에 따라 그들과 함께 사업을 함에 있어 잃을 것이 있다는 것을 확인하는 방법이다.

만약 당신이 저녁시간에 이탈리아에 도착해 이탈리아 회사 측과 만나기로 했다면, 이탈리아 회사가 당신을 저녁식사에 초대할 수도 있다. 얼마나 피곤하든 이 초대에는 응해야 한다. 아마 즐겁고 편안한 시간이 될 것이다. 만약 거절하면 상대의 기분이 상할 수 있고, 그렇게 되면 협상의 첫 단추가 잘못 끼워질 수 있다.

이탈리아 회사에서는 격식을 차리는 것이 좋다. 이탈리아인들은 사무실에서 교수나 박사, 변호사, 엔지니어 등의 명칭을 사용하는 등 격식을 차린다. 명사는 남성형과 여성형이 있어서, 변호사를 뜻하는 '아보카토'의 경우, 여자 변호사는 '아보카타'로, 엔지니어를 뜻하는 '인제네레'의 경우, 여성 엔지니어는 '인제네라'로 명칭이 바뀐다. 이탈리아인들은 직장에서 이름이 아니라 성을 사용하길 선호한다. 예를 들어 집에서는 이름 '찰스'라 부르더라도 직장에서는 '스미스'라고 부른다. 보통 영미권에서는 '미스터'나 '미스'라는 호칭 없이 직책만 부르는 것은 무례하게 느껴지지만, 이탈리아에서는 이탈리아 법을 따르는 것이 맞다. 하지만 좀 더 젊고 국제 경험이 있는 매니저의 경우 성이 아니라 이름을 부르기도 한다.

이탈리아 사측은 손님으로 방문한 당신을 가장 먼저 소개해줄 것이고 사측의 가장 높은 임원이나 연장자가 나와 인사할 것이다. 도착하면 방 안에 있는 모든 사람과 악수하고, 떠날 때도 모든 사람과 악수하도록 한다.

첫 번째 회의에서 아주 세부적인 사항까지 다루지는 못할 가능성이 높다. 이탈리아 측 상대는 당신의 회사와 당신의 개인적 출신 배경에 관심을 보이고, 자신의 이야기도 들려줄 것이다. 앞서 살펴본 것처럼 이탈리아는 관계 구축이 아주 중요한 나라이므로, 회의가 끝난 후 점심식사를 함께하거나 적어도 이탈리아식 샌드위치 '파니노'라도 함께하게 될 것이다.

남부에서는 사업차 방문에 좀 더 많은 시간을 할애해야 한다. 로마나 나폴리로 내려가면, 밀라노에서 할 수 있는 일의 절반밖에 못한다고 보면 된다. 예를 들어 밀라노에서는 낮 시간 동안 3차례 회의를 하고 저녁 약속을 소화할 수 있다면, 로마에서는 낮 동안 2차례 회의에 저녁 약속, 나폴리나 팔레르모에서는 누구를 방문하느냐에 따라 다르겠지만 낮 동안 2차례의 회의만 소화할 수 있는 식이다. 또한 아침 회의는 이탈리아에서는 아직 흔하지 않다.

프레젠테이션

이탈리아에서는 공식적인 프레젠테이션을 약 30분 갖고 그 이후 질의응답 시간을 갖는다. 프레젠테이션을 하는 사람은 자신의 아이디어나 제품을 적극적으로 홍보하며 관중을 설득해야 한다. 프레젠테이션의 승패는 화자의 발표 능력과 수준 높은 발표 자료에 달려 있다. 처음에는 격식을 갖춘 말을 사용해야 하지만 중후반부에는 편안하게 이야기해도 된다. 사진이나 동영상 등 시각 자료가 포함되면 좋고, 자료는 정보를 전달하면서도 보기 좋아야 한다. 관중과 끊임없이 눈 맞춤을 하며 이야기하고, 발표는 늘어짐 없이 빠른 속도로 진행해야 한다.

이탈리아의 청자들은 화자의 성격과 스타일에 관심을 갖는다. 발표할 때는 아무런 움직임 없이 한자리에 서서 계속 말하기보다는 몸짓 언어를 섞어 쓰는 것이 좋다. 모호한 부분이 있으면 질문을 하는 사람들도 있지만, 질문은 발표 후 질의응답 시간에 받겠다고 정리하자.

당신의 회사와 제품에 대해 이야기할 때는 청자가 어떤 부분에 관심을 갖는지 파악하고, 청자의 개인정보에 귀를 기울여, 입수한 정보를 프레젠테이션에 반영하자. 상대에게 관심을 보여주면 그들도 당신에게 관심을 보일 것이다.

회의와 협상의 기술

대부분 회의의 주요 목표는 결정사항을 전달하거나 문제를 논의하고 검토하는 것이다. 장기적인 파트너십 구축을 위해 상대와 개인적인 관계를 형성하는 것을 목표로 열리는 회의도 있다. 이탈리아 사람들은 단기적 이익보다는 장기적 이익을 추구

한다. 회의는 몇 분 동안 한담을 나눈 뒤(남부에서는 20~30분까지 걸릴 수 있음) 본격적으로 시작된다.

회의에 정해진 형식이 있는 경우는 거의 없다. 이탈리아인에게 회의란 보통 모든 사람이 각자 자신의 생각을 말할 기회를 의미한다. 회의에 참석한 사람들이 한꺼번에 말을 하는 경우도 있고, 자기들끼리 짧은 대화를 주고받기도 하며, 심지어 회의실 안에서 전화를 받는 사람들도 있다. 이 모든 것이 무례한 행동이 아니므로 적응하도록 하자. 기분이 상할 필요가 전혀 없다.

안건이 있다고 해도 각 안건을 순서대로 살펴볼 필요는 없다고 생각하기 때문에, 안건 순서와는 상관없이 이전에 제기했던 항목으로 다시 돌아가는 경우도 많다.

대부분의 이탈리아 회사들은 안건과 행동 조치, 일정, 향후 단계, 심지어는 회의록까지도 별로 중요하게 생각하지 않는다. 어차피 결정을 내릴 사람들은 회의에 참석하지 않았을 확률이 높기 때문이다.

협상은 상당히 빠른 속도로 마무리되지만, 이탈리아 측의 협상가들은 대단한 인내심을 발휘해 아주 세부적인 것까지 파고들기 때문에 그들의 목표를 이루기까지 꽤 시간이 오래 걸릴 수 있다. 이들은 아주 절묘한 접근방법을 취하기도 한다. 이탈리아 사람들은 윈-윈 결과를 선호한다. 만약 그들이 원했던 최상의 계약을 따내지 못한다면 차선의 사업에 착수할 것이다. 이탈리아 회사와 계약관계를 맺는 것은 더 장기적이고 보다 성숙한 관계로 가는 길이다.

이탈리아 회사와 협의를 도출하기까지는 꽤나 일이 빠르게 진척되겠지만, 계약서의 성격을 바꿀 수 있는 세부사항을 논의하는 데는 오랜 시간이 걸릴 수 있다. 논의는 격렬하면서도 유쾌하게 진행되며, 이탈리아인들은 아주 잘 협조하는 편이다. 특히 사적인 생각이 들어갔을 때 더욱 그렇다.

유의할 점이 있다면 긍정적인 태도를 유지하고 협상 상대의 열의를 꺾지는 말되, 추측과 사실을 구분하고 상대가 실제로 이행할 수 있는 것보다 더 많은 것을 약속하고 있는 것은 아닌지 판단해야 한다는 것이다. 이를 위해서 메모를 해두었다가 나중에 확인해보는 것도 좋은 방법이다. 또한 이제까지 협의된 내용을 주기적으로 요약해 적어두자.

항상 이탈리아 파트너가 해주는 조언을 경청하고 그들의 노하우를 존중하라. 그들은 당신보다 훨씬 이탈리아를 잘 알고 있고, 세계시장에서의 경험도 많다.

비즈니스 접대

이탈리아 사람들은 상대 파트너에 대해 알고 싶어 하고, 이를 위해 상대와 길고 여유로운 식사를 즐긴다. 이탈리아 사람들은 점심식사나 저녁식사 혹은 '파니노'를 함께 먹으며 관계를 형성하기 전에는 거래에 도장을 찍으려 하지 않는 게 보통이다. 이탈리아인들은 적절한 레스토랑과 음식, 와인을 선택하는데 아주 탁월한 능력을 가지고 있다. 이런 자리가 있다면 복장은 단정한 정장이나 캐주얼 모두 괜찮지만 항상 품격 있는 옷차림에, 그에 걸맞은 시계 등 액세서리를 착용하도록 하자. 식사 중에는 보통 사업에 관한 이야기를 나누겠지만 예술과 역사, 지역 문화 등 화제를 이야기하기도 할 것이다. 제2차 세계대전이나 정치, 부패, 마피아 이야기는 피하는 게 좋다. 음식을 먹고 있지 않을 때는 식탁 위에 두 손을 올려놓는 것이 보통이다. 식사시간 내내 당신이 보일 수 있는 최고의 매너와 가장 매력적인 행동을 보여주도록 하자.

사업상 첫 회의를 할 때는 사람들이 자신을 성으로 소개한다는 것을 기억하자. 회사나 직책으로 소개하는 것은 서투른 매너, 심지어 무례하다고까지 여겨진다. 식사 모임이 있는 경우 초대받은 손님이 일어나야 모임도 끝이 나는 게 대부분이다. 초대한 호스트가 식사자리를 끝내는 것은 무례하다고 생각한다.

만약 누군가의 집에 가게 된다면, 선물을 가져가야 하지만(꽃 혹은 선물 포장한 초콜릿), 아주 고급 와인이 아닌 이상 와인 선물은 신중해야 한다. 많은 이탈리아인이 와인 전문가이고, 그중에는 자기 소유의 포도밭을 가지고 있는 사람도 있다. 당신의 고국에서 준비해온 리큐어나 맛있는 음식, 공예품 등은 선

미슐랭 별점을 받은 레스토랑 '달 페스카토레'의 메뉴

물로 적합하다. 보통 위스키와 리큐어를 받으면 좋아한다.

이렇게 이탈리아인은 손님 대접의 천재들이기 때문에, 당신이 이탈리아인의 호의에 보답하려 할 때 조금 골치가 아플 수 있다. 만약 당신이 이탈리아에 있는 동안 사업상 알게 된 사람을 초대해 한 번 대접하고 싶다면, 그 사람의 비서에게 그 사람이 가장 좋아하는 레스토랑을 추천해달라고 하는 것이 최선일 수 있다. 레스토랑에 도착해서도 당신이 초대한 사람에게 좋은 음식과 와인을 추천해달라고 한다면 상대는 이를 칭찬으로 받아들일 것이다.

이탈리아인이 당신의 나라를 방문한 경우라도, 보통 이탈리아인은 이탈리아 음식을 선호하므로, 현지와 가장 가까운 음식을 하는 레스토랑을 찾도록 하자. 당신의 손님은 당신이 들어본 적도 없지만 아주 훌륭한 음식을 선보이는 좋은 레스토랑(어쩌면 그의 친척이 소유하고 있을)을 이미 알고 있을지도 모른다. 당신은 그냥 계산만 하면 된다.

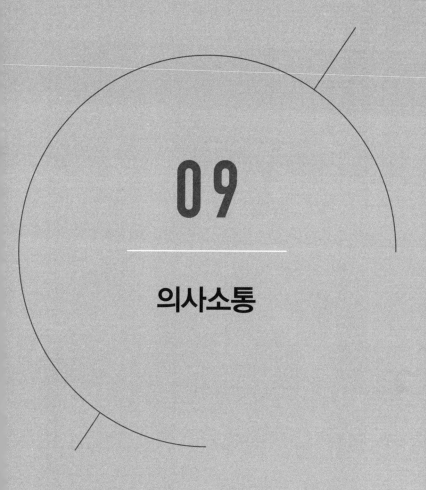

09

의사소통

다른 사람과 어울리는 것이야말로 이탈리아인들이 가장 잘하는 일이다. 이탈리아 사람들은 당신을 대화에 끌어들이기 위해 엄청나게 노력할 것이다. 동네마다 피아차라고 하는 광장이 있는데, 이탈리아 사람들은 원래 이 공간을 대화를 나누는 용도로 사용했다. 이탈리아인들은 스타레 인시에메, 즉 다른 이와 함께 시간을 보내는 것을 아주 중요하게 생각한다.

언어 구사력

이탈리아 사람들은 말하기 좋아하는 민족이지만, 모든 사람이 다 영어를 잘하는 것은 아니다. 초등학교 과정에 영어가 포함되어 있기는 하지만, 많은 사람들(특히 노인층)은 영어를 잘하지 못한다. 영어를 한다고 해도 심한 이탈리아 억양이 섞여 모음을 노래 부르듯 길게 발음해 단어와 문장이 모두 길어지는 경우가 많다. 모든 사람이 당신이 말하는 영어를 이해할 것이라고 기대하지 마라. 이 상황에 대처하는 방법은 2가지다. 상황을 감안하고 계속 영어를 쓰거나, 이탈리아어를 배우는 것이다. 두 방법 다 유효하다.

【영어 사용】

이탈리아에서 영어로 소통한다는 것은 단순히 천천히 말해서 될 일이 아니다. 이탈리아 사람과 영어로 말할 때 중요한 것은 말하는 도중 잠시 휴지를 두어 상대가 당신의 이야기를 따라올 수 있게 하는 것이다. 평소보다 조금 천천히 또박또박 말하되, 문장이나 구절 사이에 잠시 말을 멈춰 상대가 당신이 방금 한 말을 이해하고 다음 문장에 대비할 수 있게 하라.

두 번째, 숙어와 은어를 사용하지 마라. 축약어를 말할 때는 스펠링을 말해서, 이탈리아도 같은 의미로 해당 축약어를 사용하는지 확인하라. 종종 같은 알파벳이라도 다른 뜻의 축약어로 사용될 수 있기 때문이다.

마지막으로 문장은 짧게 말하고, 능동적인 문장을 쓰도록 하자.

【 이탈리아어 배우기 】

이탈리아의 많은 대학과 사설 어학원이 짧게는 2주부터 길게는 3개월에 이르는 외국인 대상 단기 이탈리아어 과정을 운영하고 있다. 이 과정은 이탈리아어뿐 아니라 에트루리아 역사부터 현대 이탈리아 문학과 미술에 이르기까지 전반적인 문화를 다룬다. 피렌체에는 외국인을 대상으로 이탈리아어를 가르치는 25개의 이탈리아 어학원이 있고, 페루지아의 유니베르시타 이탈리아나 페르 스트라니에리^{Universita Italiana per Stranieri}와 시에나의 스쿠올라 링구에 에 쿨투라 페르 스트라니에리^{Scuola Lingue e Cultura per Stranieri}라는 국영 이탈리아어 교육기관도 2곳이 있다. 장학금이 있을 수 있으니 이탈리아 영사관이나 문화원에 문의하자. 페루지아와 시에나의 이탈리아어 교육기관과 사설 어학원은 연중 내내 과정을 운영하지만, 일반 대학은 여름방학 동안만 과정을 개설하니 유의하자.

콘베르사치오네

이탈리아인들은 대화를 중요하게 생각한다. 그중에서도 가장 중요하게 생각하는 대화는 직접 만나 얼굴을 보고 나누는 것이다. 대화라는 뜻의 이탈리아어 콘베르사치오네[Conversazione]는 원래 다른 사람과 어울린다는 뜻이었다. 그리고 다른 사람과 어울리는 것이야말로 이탈리아인들이 가장 잘하는 일이다. 이탈리아 사람들은 당신을 대화에 끌어들이기 위해 엄청나게 노력할 것이다. 동네마다 피아차라고 하는 광장이 있는데, 이탈리아 사람들은 원래 이 공간을 대화를 나누는 용도로 사용했다. 이탈리아인들은 스타레 인시에메[Stre insieme], 즉 다른 이와 함께 시간을 보내는 것을 아주 중요하게 생각한다. 그 시간 동안 불만을 털어놓고, 감정을 표현하고, 화를 진정할 수 있기 때문이다. 해변에 가면 이런 이탈리아인들의 특징을 잘 확인할 수 있다. 영국인이나 미국인은 사람 없는 한적한 곳을 찾으려 몇 킬로미터를 걷는 수고를 마다하지 않는다면, 반면에 이탈리아인들은 다닥다닥 붙어 있는 파라솔 아래 의자에 모여 앉는다.

오늘날에는 TV 토크쇼가 콘베르사치오네의 새로운 공간으로 기능하고 있다. 이런 토크쇼는 시청률이 아주 높고, 방송 시간도 몇 시간에 달할 정도로 길다.

【 몸짓언어 】

카페에 앉아 이탈리아 사람들이 말하는 것을 구경하면 시간이 정말 금방 지나간다. 이탈리아 사람들은 말하면서 현란한 손짓을 곁들이는데, 특히 나폴리와 남부지방 사람들의 표현이 현란하다.

상대의 말에 동의하지 않을 때는 자신의 턱을 손가락으로 치거나 손바닥을 땅으로 향한 채 앞으로 밀친다.

축구경기를 보다 보면 이탈리아 관중들이 손바닥을 땅으로 향한 채 새끼손가락과 집게손가락은 펴고 나머지 손가락은 접어 심판을 가리키는 모습을 볼 수 있는데, 이는 심판의 판정에 동의하지 않는다는 뜻이다. 같은 손 모양으로 손바닥을 하늘을 향하게 하면 심판에게 욕을 하고 있는 것이다.

이탈리아는 개방적이고 매력적인 나라지만 뜻밖에도 상당히 격식을 갖춘다. 이탈리아어에는 영어의 'you'에 해당하는 단어가 격식에 따라 2개 있다. 격식을 갖춘 레이^{lei}와 편하게 부르는 투^{tu}가 그것이다. 이탈리아인이 당신에게 이름을 불러도 좋다고 말하기 전에는 반드시 성으로 상대를 불러야 한다. 어린아이들이나 청소년, 젊은 층을 상대할 때나, 편안한 환경에서는 해당되지 않으니 상황에 따라 판단하면 된다. 이탈리아 사람들은 손님을 가장 먼저 소개하므로, 당신이 손님으로 어딘가에 방문했다면 당신을 가장 먼저 소개할 것이다.

악수를 할 때는 서로 다정하게 상대의 손을 잡고 흔드는데, 때에 따라 상대가 다른 한 손으로 당신의 팔을 꽉 잡을 수도 있을 것이다. 친구나 남자 친척들은 서로 안거나 안은 채 서로의 등을 두드리며 인사하고, 여자들은 양 볼에 짧게 키스하여 인사한다. 사람이 많이 모인 자리에서는 누군가에게 먼저 다가가서 악수하고 자신을 먼저 소개해도 좋다.

【 대화 주제 】

대부분 이탈리아인들은 교양이 풍부해서 예술, 건축, 유적에

대해 이야기하길 좋아하고, 무엇보다 자신의 고향에 대해 이야기하길 즐긴다. 지역 음식과 와인은 흔한 대화 주제이고, 스포츠도 절대 빠질 수 없는 중요한 주제다. 축구를 가볍게 여기지 마라. 많은 이탈리아인들에게 축구는 아주 진지한 문제이다. 가족과 지역의 명소, 휴일, 영화도 대화에 자주 등장하는 단골 주제다.

앞서 말한 것과 같이 이탈리아인들은 종종 자기 나라를 비판하지만, 외국인이 이탈리아를 비판하는 것을 좋게 생각하지는 않는다. 종교, 정치, 제2차 세계대전은 건드리지 말아야 할 주제이고, 여성과 남성이 함께 일하는 회사에서 선정적인 성적

농담을 주고받는 일은 거의 없다.

소셜 미디어

직접 연락하고 대화하며 손을 많이 쓰는 보디랭귀지(몸짓언어)에 익숙한 이탈리아 사람들이 어떻게 소셜 미디어 사용에 적응하는지 궁금해할 수 있다. 답은 매우 긍정적이다. 통계에 따르면 59%의 이탈리아인이 활발히 소셜 미디어를 사용 중으로, 평균 1명당 7개의 계정을 사용한다고 한다. 즉 소셜 미디어 사용자의 약 3/4이 한 달에 한 번 이상 SNS를 사용하는 것이다.

시장조사기관 스테이티스타statista에 따르면 2018년에 이탈리아에서 가장 인기 있는 소셜 미디어 플랫폼은 페이스북(전체 사용자의 94%)이었고, 그다음이 유튜브(57.8%), 인스타그램(46.1%)이었다. 이런 소셜 미디어의 인기는 6천만 명이 넘는 전체 인구 중 3,500만 명 정도가 페이스북을 사용한다는 것을 의미한다. '유명' 플랫폼이 맹위를 떨치고 있지만, 소규모 소셜 미디어 플랫폼도 인기를 얻고 있다.

트위터 사용자 수는 23.8%(스테이티스타, 2019년 조사 기준)로 인기도가 낮았다. 그러나 유튜브는 매우 인기가 있고, 세계 은행에 따르면 핀터레스트 같은 사이트의 사용자 수는 2014년에 190만 명에서 2018년 650만 명으로 급증했다.

언론

【 신문 및 잡지 】

이탈리아 사람들은 영국이나 미국 사람들처럼 신문을 열심히 읽지는 않는다. 하지만 신문 구독률은 남부보다 북부가 높다. 신문은 지역별로 발행되지만 전국적으로 배포되는 신문도 몇몇 있다. 신문마다 정치적 성향이 다르므로 이에 대해 알아두면 도움이 될 것이다.

이탈리아에는 여전히 많은 타블로이드 신문이 있고, 넓은 구독층을 확보하고 있는 스포츠 전문지 〈코리에레 델로 스포르트〉, 〈라 가제타 델로 스포르트〉도 있다. 가십을 주로 다루며 파파라치 사진을 제공하는 잡지 〈오지Oggi〉(오늘이라는 뜻), 〈젠테Gente〉(사람들이라는 뜻)도 인기가 높다.

　이탈리아에서 가장 많이 읽는 신문은 로마 신문이며 중도 좌파 성향의 〈레푸블리카〉다. 밀라노를 기반으로 하는 〈코리에레 델라 세라〉는 중도우파 성향을 가지고 있으며, 영어 섹션을 운영하고 있다. 중도 성향의 〈이탈리아 데일리〉와 좌익 기관지 〈우니타〉도 상대적으로 제한적인 구독층을 보유하고 있지만 그래도 영향력 있는 신문이다. 이 밖의 주요 신문으로는 피렌체의 〈라 나치오네〉와 토리노의 〈라 스탐파〉, 로마의 〈일 템포〉와 〈일 메사제로〉, 제노바의 〈일 세콜로 디에치모노〉, 카타니아의 〈라 시칠리아〉가 있다. 이탈리아의 주요 시사 주간지로는 〈레스프레소〉가 있다.

대도시에는 영어 잡지도 있다. 로마에서는 호텔에 요청하면 월간지 〈타임 아웃 로마〉, 〈웨어 로마〉, 〈게스트 인 밀란〉을 받아볼 수 있을 것이다. 월초 발행되자마자 보통 바로 떨어지니 서두르는 것이 좋다.

이탈리아에는 신문 보급소가 거의 없다. 대신 나라에서 운영하는 키오스크^{edicole}라는 신문 가판대가 도시 전역에 깔려 있다. 여기서 이탈리아 사람들은 CD와 비디오를 함께 제공하는 주간 잡지를 구입한다.

국제 언론매체도 많이 들어와 있다. 그중 가장 유명한 것으로 〈인터내셔널 뉴욕 타임스〉를 꼽을 수 있다. 주간 시사 잡지 중에는 〈이코노미스트〉가 가장 넓은 구독층을 보유하고 있다.

【 라디오와 TV 】

이탈리아 TV에 대해 먼저 알아야 할 것은 먼저 PAL 시스템을 채택하고 있어 다른 유럽국가의 시스템과 호환이 되지 않을 수 있다는 것이다. 두 번째, 2012년 이탈리아 TV는 디지털 전환을 시행했으며, 지상파 무료 방송이 기하급수적으로 늘어나고 있다. 세 번째, 대부분의 방송이 모두 이탈리아어로 제공되고 있어 영어 채널은 찾기가 어렵다. RAI라는 이름의 국영

TV와 라디오방송 네트워크가 있지만, 지금은 퇴임한 이탈리아의 전 총리 실비오 베를루스코니가 소유한 민영 언론 미디어셋의 영향력도 엄청나다.

만약 이탈리아에 거주하거나 집을 소유하고 TV나 라디오를 이용하고 있다면, 이탈리아 방송을 보지 않는다고 해도 TV 및 라디오 시청료를 내야 한다. 가구가 마련되어 있는 집을 구해서 들어갔다 해도, TV가 있다면 세입자인 당신이 시청료를 내야 한다. 이탈리아 우체국에 가면 납부 양식을 얻을 수 있으며, 납부하려면 당신의 코디체 피스칼레(세무번호)가 있어야 한다. RAI 웹사이트(www.rai.it)를 방문하면 자세한 사항을 영어로 확인할 수 있다. 이탈리아 및 해외 음악방송국으로는 라디오 이탈리아, 라디오 글로보, 라디오 디제이가 있다.

영어 라디오 및 TV 방송국으로는 영어 및 27개 국어로 방송을 제공하는 세계 최대의 인터내셔널 방송국 BBC 월드서비스를 대표로 꼽을 수 있다. 위성 TV에 가입하면 BBC 월드 TV를 시청할 수 있다. www.bbc.co.uk/worldservice에서 BBC 월드서비스 라디오의 프로그램 일정표를 확인할 수 있다.

유로스포츠, CNN, 프랑스 24, 러시아투데이, 미국 방송국 CBS, NBC, 블룸버그 등 해외방송도 호텔이나 위성 TV를 통해 시청할 수 있다.

이탈리아의 위성 TV에서는 BBC 1·2·3·4를 시청할 수 있고, 라디오 캐나다, 라디오 오스트레일리아, 보이스 오브 아메리카^{VOA} 등을 청취할 수 있다. 자세한 BBC 프로그램은 www.bbc.co.uk에서 확인하자.

TV

이탈리아 사람들은 유럽에서 포르투갈과 영국 다음으로 TV를 많이 시청한다(평균적으로 하루 4시간 시청). 설문조사에 따르면 이탈리아인 중 90%가 하루에 일정 시간 TV를 시청하며, 대부분은 TV를 통해 뉴스 소식을 접한다.

이탈리아에는 케이블 TV는 거의 없지만 대신 위성방송 사업자 아스트라 위성 TV^{Astra} 가입자는 매우 많다. 해외에서 수입한 프로그램은 다 이탈리아어로 더빙해 방송한다. 폭력적이거나 선정적인 프로그램은 오전 7시부터 밤 10:30분까지는 방송이 금지되어 있다. 아동이나 청소년 시청자를 위해 폭력물 등으로 분류된 특정 프로그램의 수신을 자동으로 차단하는 컴퓨터 장치인 V칩도 이탈리아에서 가장 먼저 발명되었다.

1976년까지만 해도 이탈리아의 TV 방송국은 모두 국영이었고, 교회의 검열을 받았지만 규제가 해제된 뒤 6개의 주요 방송국과 수백 개에 이르는 지역 방송국이 생겨났다. 6개 주요 지상파 방송국 중 국영 방송 Rai 1, Rai 2, Rai 3는 시청자의 50%가 시청하고 있다. 실비오 베를루스코니가 소유하고 있는 민영방송 Italia 1, Rete 4, Canale 5는 시청자의 약 40%가 시청하고 있다. 나머지 10% 시청자는 약 900개에 달하는 지역 TV 방송국 방송을 시청한다.

이탈리아 TV 프로그램의 수준은 그렇게 높지 않다. 하지만 그보다 더 큰 문제는 TV가 여론을 주도하는 나라에서, 전체 민영방송을 단 한 사람, 그것도 정치 정당의 당수인 사람이 소유하고 있다는 것이다.

위성 TV

이탈리아에서는 약 100만 명에 달하는 인구가 유료 TV에 가입해 있다. 유료 TV와 위성 TV의 장점은 더욱 폭넓은 영어 프로그램을 시청할 수 있다는 것이다. 음성다중이 지원되어 방송을 원어로 선택해 볼 수도 있다. BBC 월드 TV와 CNN 등 기타 영어 방송도 시청할 수 있다.

TV 시스템

이탈리아는 PAL-BG 시스템을 사용 중이므로, 스탠다드 PAL, NTSC, SECAM 비디오는 작동되지 않는다. 그러므로 이탈리아에 TV나 비디오 플레이어를 가지고 가지 말고, 도착 후 지역에서 다중 표준 시스템을 구입하는 게 가장 좋다. 이탈리아는 Zone 2 DVD 지역이다. 그 외 지역의 DVD는 다중 표준 DVD 플레이어에서만 재생할 수 있다.

인터넷

도심 지역에서 인터넷에 접속할 수는 있지만, 소도시와 교외에서는 접속이 어려울 수 있다. 인터넷 서비스는 텔레콤 이탈리아^{Alice}가 리베로^{Libero}, 티스칼리^{Tiscali}, 패스트웹^{Fastweb}과 같은 독립적인 인터넷 서비스 업체도 많다. 이탈리아 텔레콤의 브로드밴드 서비스인 Alice ADSL은 이탈리아의 가장 대중적인 서비스 제공업체이다.

대부분 호텔과 대여 별장에서 무료 와이파이를 제공하며, 그렇지 않은 도시의 경우 인터넷을 이용할 수 있는 인터넷 카페와 바가 많은 것이 특징이다. 인터넷 카페 안내 책자를 펼치면 가장 가까운 곳에 있는 인터넷 카페를 찾을 수 있을 것이다.

휴대폰으로도 인터넷에 접속할 수 있지만, 신호가 잡혀야만 가능하다. 이탈리아의 인터넷 사용자 대다수는 휴대폰 핫스팟을 사용해 노트북에서 인터넷을 사용한다(휴대폰으로 인터넷 연결이 가능할 경우).

논평가들은 이탈리아 광고에서 비디오와 인기 플랫폼인 유튜브가 신제품 또는 브랜드 검색에서 얼마나 중요한지를 이야기한다. 특히 이탈리아인을 대상으로 하는 Italylink, Vinix(이탈리아 음식과 와인에 관심 있는 경우) 등 현지 소셜 미디어 플랫폼도 사용할 수 있다.

지금까지 살펴본 것처럼 이탈리아인은 일상에서 가족, 친구와 연락하는 일을 중요하게 생각한다. 페이스북, 인스타그램, 트위터를 사용하여 자신의 개인적, 사회적 삶을 살아가는 젊은 세대 대부분이 태블릿, 스마트폰, 노트북을 소지하고 있다.

전화

이탈리아의 국영 전화국은 텔레콤 이탈리아지만, 영국과 미국처럼 민영기업도 시장에 진출해 있다. 가장 유명한 것으로는 티스칼리^{Tiscali}와 윈드^{wind}를 들 수 있다. 주요 마을에는 전화 설치 및 전화선 유지관리를 책임지는 텔레콤 이탈리아 지국이 있다. 전화를 새로 설치하거나, 가입자 이름을 변경할 시에는 텔레콤 이탈리아를 통해야 하지만, 실제 사용하는 전화는 다른 회사의 것일 수 있다.

【 지역번호 】

대부분의 나라에서 지역번호는 (0)으로 시작하고, 해외에서 전화를 걸 때 이 지역번호의 첫 자리 (0)을 생략한다. 하지만 이탈리아는 예외다. 예를 들어 당신이 피렌체로 전화를 건다면 '00 39 (0)55' 중 (0)을 생략하지 말고, 그대로 00 39 055를 누르고 상대의 전화번호를 누르면 된다. 만약 (0)을 누르는 것을 잊는다면 녹음된 안내 메시지가 나오겠지만, 이탈리아어로만 제공된다는 것을 유의하자.

전화를 걸 때는 무조건 지역번호를 포함해 입력해야 한다.

같은 지역 내에서 전화를 걸 때도 마찬가지다. 이탈리아 밖으로 전화를 거는 것은 훨씬 간단하다. 국가번호 앞에 00을 누르고 필요 번호를 모두 입력하면 된다.

오늘날에는 많은 이탈리아 사람들이 휴대전화를 소유하고 있다. 휴대전화로 전화를 걸 때도 전화번호 앞에 지역번호를 포함해야 한다. 같은 지역 내에서 전화를 걸 때도 마찬가지다.

【전화받기】

모든 이탈리아 사람들은 동일한 인사말로 전화를 받는다. '프론토pronto'가 그것이다. 누군가에게 전화를 했는데 자동응답기의 녹음 메시지가 흘러나온다면 '저희는 잠시 외출 중입니다'라는 뜻일 확률이 높다. 이탈리아에서는 그 누구도 자신이 3주 동안 집을 비운다는 메시지를 남기지 않는다. 그런 메시지는 도둑에게 보내는 초청장과 다름없기 때문이다.

【공중전화 사용하기】

고장 난 공중전화가 많은 까닭에 공중전화 사용은 생각보다 어려울 수 있다. 공중전화를 사용하려면 먼저 타바키에서 전화카드(카르타/스케다/테세라/텔레포니카)를 구입해야 한다.

유선 전화를 사용해야 하면 도시 곳곳에 설치된 전화 센터를 찾아가면 된다. 교외에서는 바나 식당에 유선 전화(텔레포노 피소)가 있을 수 있다. 그러나 요즘은 이탈리아인 98%가 휴대폰을 소지하고 있으므로 필요하면 빌려달라고 부탁할 수 있다.

시골에서는 전화표시가 걸려 있는 집들을 볼 수 있는데, 이는 승인받은 공중전화 서비스 제공업자라는 뜻이다. 해당 주택에서 전화를 사용할 수 있다.

【 전화번호 찾기 】

텔레콤 이탈리아는 2가지 형식의 전화번호부를 발간하는데 개인용 번호는 파지네 비앙코(화이트 페이지), 상업용 번호는 파니제 지알레(옐로 페이지)라고 불린다. www.paginegialle.it, www.paginebianche.it에서도 확인할 수 있다.

주요 대도시에서는 영어 옐로 페이지도 제공한다. www.englishyellowpages.it을 방문하면 확인 가능하다.

전화로 12번을 누르면 전화번호 안내 서비스로 연결되지만, 자동안내 메시지로 시작하기 때문에 상담원과 연결되기까지는 한동안 대기해야 한다. 영어로 제공되는 전화번호 안내 서비스는 없다.

우편 서비스

이탈리아 우체국 PT^Poste e Telecomunicazioni는 75%의 지분을 정부가 보유한 유한책임회사다. 전통적으로 이탈리아의 우편 서비스는 신뢰할 수 없는 서비스로 악명이 높았기 때문에 대부분의 이탈리아인들은 중요한 물건을 보낼 때면 등기우편^posta raccomandata이나 사설 운송 서비스를 이용한다. 가장 믿을 수 있는 우편 서비스는 로마의 바티칸 우체국이다. 바티칸 우체국은 모든 해외 배송 우편물을 스위스에서 발송하기 때문에 안전한 배송은 물론이고 흔치 않은 바티칸 우편 소인까지 덤으로 얻을 수 있다! 주요 도시에는 세계적인 운송 서비스 회사들이 진출해 있다.

이탈리아에는 일반우편^posta ordinaria과 긴급우편^posta prioritaria 서비스가 있다. 긴급우편 서비스는 도착지가 이탈리아인 경우 발송 후 익일 도착, EU 내에서는 3~4일 내 도착을 보장한다. 해외 목적지의 경우에는 황금빛 긴급 소인과 에어메일 스티커를 받아야 한다. 또한 주요 우체국에서는 포스타첼레레^postacelere라고 하는 급행 서비스도 이용할 수 있다. 중요한 물건을 보낼 때에는 반드시 발송 증명서를 받도록 하자.

엽서와 편지는 도착지가 이탈리아인 경우 보통 3~7일이, 유럽 내에서는 4~10일이 소요된다(도착한다는 전제하에 그렇다는 말이다). 항공우편으로 북미나 호주, 뉴질랜드로 발송할 경우에는 도착까지 2주 정도가 소요된다.

우표는 타바키(검은색 T가 크게 쓰인 표지판을 찾으라)에서 사는 게 가장 편리하다. 타바키는 우표를 묶음이 아닌 낱장으로 판매한다. 공식 우체통 색깔은 빨간색이지만, 서류용 우체통은 종종 파란색이다. 우체통은 보통 하루에 한 번만 수거한다.

우체국은 항상 붐비며, 창구마다 다른 서비스를 제공하니 줄을 잘 섰는지 확인해야 한다. 우체국은 전신, 팩스, 텔렉스, 환전, 현금 이체, 전기·가스·수도 요금 납부, 도로세, TV 시청료 수납 등 다양한 업무를 담당하며 자동차용 볼로(인지)도 우체국에서 살 수 있다. 그뿐만 아니라 우체국에서는 연금도 수령하고 복권도 살 수 있다. 이렇게 많은 업무로 늘 인산인해를 이루는 우체국이므로, 반드시 우체국을 사용해야 하는 상황이거나 시간이 넘쳐나는 것이 아니라면 타바키에서 우표를 사다가 우체통에 우편물을 넣는 것이 훨씬 편리하다. 규모가 큰 우체국은 주중에는 쉬는 시간 없이 영업하고 토요일에는 오후 1시에 문을 닫는다.

【 이탈리아로 우편물 보내기 】

이탈리아 주소에는 CAP^{codice di avviamento postale}이라는 이름의 5자리 우편번호가 있다. 아무런 문제 없이 우편물을 받기 위해서는 이 우편번호를 반드시 정확히 기재해야 한다. 우편번호는 www.poste.it에서 확인할 수 있다. 다음은 이탈리아 주소의 표기 방법이다.

Maggiore Paolo(이름, 성 순으로 기입)
Via Marghera, 2
1-10234 Torino
Italy

결론

우리가 살펴본 것과 같이 이탈리아는 모순이 가득한 나라다. 체제 순응과 무정부 상태, 관료주의와 책임 회피, 대단한 부자들과 비참할 정도로 빈곤한 이들, 추문과 종교가 공존하는 나라가 바로 이탈리아다. 이 때문에 한 작가는 이탈리아를 두고 겉은 빛나지만 그 심장은 어둡다고 묘사했다.

하지만 그럼에도 불구하고 이탈리아와 그 사람들이 앞을 향해 나아갈 수 있는 이유는 가족과 친구들에 대한 뜨거운 충성심이 있기 때문이고, 어려움에 부딪혀도 해결은 시간문제일 뿐, 노력하면 그 어떤 문제도 해결할 수 있다는 신념이 있기 때문이다. 이런 융통성 때문에 외국인에게 이탈리아에서의 삶은 아주 매력적이고 매혹적으로 비칠 수 있다. 실제 이탈리아에서 사는 사람들과 사업하는 이들에게는 이 융통성이 독으로 작용할 수도 있지만 말이다.

현대의 이탈리아는 실업, 이민, 환경오염, 주택가격 상승, 범죄, 경제개혁으로 인해 사회적 지위를 상실한 인구 등의 문제로 열병을 앓고 있다. 하지만 이탈리아는 정치적 극단주의를 성공적으로 극복했고, 정부 안정성을 어느 정도 달성했다. 무엇보다 EU와 유로를 지탱하는 주요 국가이자 수혜 국가다.

이탈리아는 식품, 패션 디자인, 자동차 산업에서 발군의 창의력을 보이는 세계적인 경제대국이다. 다정함과 활력, 아이디어가 넘치는 이탈리아인들이 서구 문명에 기여한 바는 아무리 높게 평가해도 지나치지 않다. 또한 뛰어난 문화로 전 세계에 즐거움을 안겨준 공로도 높게 사야 마땅하다.

History, Politics, and Society

Barzini, Luigi. *The Italians.* London: Penguin Books, 1983.

Emmott, Bill. *Good Italy, Bad Italy. Why Italy Must Conquer its Demons to Face the Future.* New Haven, Connecticut: Yale University Press, 2012.

Gilmore, David. *The Pursuit of Italy. A History of a Land, its Regions and their Peoples.* London: Penguin Books, 2011.

Ginsborg, Paul. *Italy and its Discontents.* London: Penguin Books, 2003.

Jones, Tobias. *The Dark Heart of Italy.* London: Faber and Faber, 3rd edition, 2013.

Lintner, Valerio. *A Traveller's History of Italy.* London: Windrush Press/Cassell, 2001.

Severgnini, Beppe. *La Bella Figura: An Insider's Guide to the Italian Mind.* London: Hodder & Stoughton, 2007.

Living in Italy

Chesters, Graeme (ed). *Living and Working in Italy.* London: Survival Books, 2003.

Hinton, Amanda. *Living and Working in Italy.* Oxford: How To Books, 2003.

Morrison, Terri, and Wayne A. Conaway and George A. Borden. *Kiss, Bow, or Shake Hands: How to Do Business in Sixty Countries.* Avon, Massachusetts: Adams Media Corporation, 1994.

Parks, Tim. *An Italian Education.* London: Vintage Books, 2000.

———. *Italian Neighbours.* London: Vintage Books, 2001.

———. *A Season with Verona.* London: Vintage Books, 2003.

지은이

배리 토말린

배리 토말린(Barry Tomalin)은 국제 커뮤니케이션과 국제 문화를 전문적으로 연구하는 영국의 작가 겸 교원이다. 뮌헨, 베를린, 함부르크, 영국 등지의 독일 회사에서 일해왔다. 런던대학교 동양·아프리카대학에서 인류학과 언어학 문학사(명예학위)를, 웨스트민스터대학교 국제교섭소통학 문학 석사 학위를 받았다.

문화와 문화교육 관련 저서를 여러 권 썼고, 현재 런던대학교 버크벡칼리지와 글래스고칼레도니안대학교 런던 캠퍼스에서 가르치고 있다. 런던국제어학원 비즈니스문화교육자인증센터(BCTC)의 설립자 겸 관리자, 국제학술지 〈교육, 언어, 문화〉의 공동편집인, 유럽 크리켓 평의회 언어분과 이사이기도 하다.

옮긴이

임소연

고려대학교 경영학과 졸업 후 이화여자대학교 통번역대학원을 졸업했다. 현재 번역에이전시 엔터스코리아에서 출판 기획 및 전문 번역가로 활동하고 있다. 옮긴 책으로는 『그림으로 보는 세계의 뮤지컬』, 『100가지 상징으로 본 우주의 비밀』, 『나는 세계일주로 유머를 배웠다』, 『성공에너지 회복탄력성』, 『베스트셀러는 어떻게 만들어지는가』, 『걱정이 많은 사람들이 잘 되는 이유』, 『무엇을 주고 어떻게 받을 것인가』, 『시시콜콜 네덜란드 이야기: 어쩌다 네덜란드에서 살게 된 한 영국 남자의』 등이 있다.

세계 문화 여행 시리즈

세계의 풍습과 문화가 궁금한
이들을 위한 **필수 안내서**